終結婚姻暴力

加害人處遇與諮商

成蒂◆著

☾★ 丁序

我們需要建立一個終結婚姻暴力的對話平臺

　　這是一本令人期待已久的書，真的很高興見到它的誕生！希望能為國內婚姻暴力這個社會問題注入新的力量，建立一個以終結婚姻暴力為目標的對話平臺。

　　筆者從事婚姻暴力的保護工作有十年時間，經常面對「你們沒有詳細調查，怎麼知道加害人為什麼會動手，是不是因為被害人做了什麼不應該的事呢？」、「你們的經驗都是來自被害人，而且大多數是女性，你們沒有與男性工作，以片面的資料怎麼足以解決問題呢？」……這類似是而非的批評。過去我會回答：「不是不願意投入加害人輔導工作，而是當手上只有十塊錢的時候，我選擇把九塊錢先拿來幫那些生活於嚴重暴力、或因離開暴力關係而深陷危險的受害人。」換言之，選擇以被害人為優先協助的對象是迫於現實需要。

　　然而實務工作者都知道，光是消極地協助被害人避開暴力，無法真正終止「暴力及它所帶來的威脅」。因此，在婦女團體的奔走及各界的努力、支持下，台灣的家庭暴力防治法終於在一九九八年正式上路了。這個法案的第二條「……本法所稱家庭暴力罪者，謂家庭成員間故意實施家庭暴力行為而成立其他法律規定

之犯罪。……」即宣示：家庭成員間，只要是觸犯其他法律規定之犯罪仍是有罪，目的在強調法入家門的觀念，破除「清官難斷家務事」的社會迷思。從此之後，國內的婚姻暴力保護工作不再依附婦女福利或婦女運動的少數資源挹注，而邁向公權力全面參與介入的時代。

　　不可諱言地，家庭暴力防治法的通過帶來社會對此問題更多的關注，但關於要如何對症下藥，卻仍存在許多差異、甚至相互衝突的意見。例如，立法之初關於本法第一條「為促進家庭和諧」這幾個字，曾引發激烈討論。要求保留這幾個字的人認為如果刪除，會使家庭價值蕩然無存，令這個法案有鼓勵離婚之嫌。反對保留這些字的人則認為如此將誤導社會「家庭完整」才是努力的核心目標，如此一來，將模糊了家庭內的暴力也是犯罪行為的法入家門焦點，並可能因而迫使被害人也必須分擔家庭暴力的責任。不幸的是，一九九八年通過的法案第一條內容仍是保留了「為促進家庭和諧」的立法目的，令我們不得不為國內的被害人處境捏一把冷汗。又例如，關於加害人處遇是否要先經鑑定，也曾經有許多爭辯。依筆者觀察，贊成的理由是：㈠法官需要一個裁量基準；㈡多數加害人無法接受為期較長的處遇計畫，因此把鑑定也視為僅有的處遇機會。反對的理由則是：㈠上述理由恰好反映出司法單位尚未能接納家庭暴力是個與權力控制有關的性別問題，相對人鑑定制度會將問題誤導為個人化；㈡鑑定制度模糊了法官對暴力核心問題存在歧見與不認同的事實，使保護令中對加害人處遇的效能大打折扣。與現實妥協的結果，目前國內以相對人鑑定制度做為帶動司法單位裁定加害人處遇的策略，筆者認

為此舉無益於司法單位對加害人處遇的參與，反而將造成更多法官對權力控制問題本質的誤解。

然而，「爭論」並不是問題的所在，問題是我們能不能在一個平等的基礎上的「爭論」，彼此是否能夠透過彼此了解而建立共識，才有機會進一步找出解決的方法。當被害人利益與家庭整體利益衝突、被害人利益與加害人利益衝突時，是不是大家都同意我們不以責難或要求被害人改變的方式來解決暴力問題？我們有必要正視國內家庭暴力防治工作中的歧見與衝突，網絡成員需要更多平等對話、建設性聆聽及交換意見的機會，以及找出有效解決衝突的方法，才能落實婚姻暴力被害人的保護工作。

成蒂在本書中不但針對國內外婚姻暴力防治制度加以對照及比較，也描繪國內婚姻暴力加害人處遇的現況。引述相關文獻及理論的同時，也分享她自己與被害人及加害人工作的實務經驗，以旁徵博引及深入淺出的方式，勾勒出目前國內婚姻暴力防治存在的問題，對於若干不同見解也做了詳盡的澄清。它不啻是一本從事婚姻暴力加害人處遇者必讀的參考書籍，也是被害人保護救援者、司法單位、或其他網絡成員很好的指引。

如同本書在結語時指出：「警察的探視和逮捕，配合法院強制處遇，才是防止家庭暴力的最有效方式。」針對如何解決家庭暴力問題，期待成蒂及心理出版社的努力，有助於建立終結婚姻暴力的對話平檯，縮短國內探索路徑，找到更有力量的針砭。

丁雁琪

臺北縣政府家庭暴力暨性侵害防治中心祕書

☪ 李序

愛中沒有懼怕

好朋友要出書，寫的又是實務工作領域中最具挑戰、爭議的「婚暴加害人處遇方法」，心中的高興與敬佩是多重的。

成蒂代表本土女性諮商工作者，長期鑽研並認真投入家庭治療領域。這本架構完整、立場一致，由臨床角度出發，綜合「婚暴」微觀和巨觀的實務著作令人鼓舞。國內「加害人處遇」工作方起步，研議過程中精神醫療、學術主導的偏頗，書中有嚴肅地指陳，值得間接、直接服務層面參考，畢竟廣納不同的思維和處遇取向，重視受害人的保護和家庭安全的落實，是家暴法的立法精神。

與成蒂相識多年，她對特定主題的專注和用功，可說是有目共睹。她對弱勢的關懷，社會文化脈絡下權力位差形成的暴力溫床現象所具備的反省、批判，及對諮商倫理、界限議題的清晰論述和勇氣、執著，使她近年來一直是我個人遭遇臨床困境時，十分倚重的一位諮詢對象。

和成蒂共事的經驗中最難得的就是「婚暴加害人處遇」和「婚暴受害母子／女團體」，而前者的挑戰遠高過後者。原因很簡單，因為這些當事人給我們的陌生感和受害族群比較，不可同

日而語。正因如此,我們事前、進行中和事後的反覆討論、核對,包括每次團體後的觀感、心情,益發彰顯「共同帶領」在這樣團體所能發揮的互補和互採作用。成蒂的冷靜、分析、思路清楚是我不足之處。

「婚暴加害人團體」由兩位女性帶領可行嗎?處遇真的有效嗎?加害人處遇和平常的諮商是否不同?在努力之後,我的答案是肯定的。

雖然成蒂和我有許多共識和共事的深厚基礎,然而過程中對團體走向、改變的信念,甚至成員最終的評量,仍碰到相當多的爭議,所幸我們始終保持開放溝通、彼此尊重及自我修正的彈性。吵完之後能回歸工作,一直是我們彼此引以為傲的誠實、敬業本色。

而維繫我們的基本核心理念有二:首先,親女性主義的立場不等於反男性,更不等於仇視男性。成蒂和我在個人及專業生活中均十分敏察自己的女性經驗以及性別差異的影響。和婚暴加害人工作時,我們坦承自己對對方的陌生,積極聆聽,對這些男性在社會文化結構中的劣勢有真誠的同理,絕大多數的加害人是因為自身的早期剝奪、傷害,沒有機會學習到適當安全的親密界限和情緒控制,而團體的目標正是希望能示範這樣的一個修正性經驗。

再者,我們堅信家暴諮商者不同於一般諮商所強調的立場中立,而必須勇敢誠實地表達反暴立場,不認同暴行並不會影響我們對加害人的同理和工作關係。多年的經驗讓我們確信譴責暴「行」無損於對施暴個「人」的接納和尊重。對團體中的男性我

們有很多學習和深刻的同理，他們的生活品質都很差，為了賺錢，有時三天不能闔眼，他們也都為家打拼，照顧家人衣食無虞，在童年甚至成年時，幾乎都受到嚴重的暴力傷害，而現實生活中他們也努力地找尋歸屬和自尊；與鄰居老伯泡茶，在市場攤販中廣結人緣，加入打火兄弟等不一而足。當他們提到子女表現優異或是自己特有的才能時，難掩自足與滿足的神色，他們須要改變的是根植在社會文化脈絡中對暴力的不當認知和行為。

團體中，我們接受他們的挑戰和要求，尊重他們的實際需要做彈性調整。意見衝突時承認並接受彼此間的落差存在，偶爾也自我調侃中產階級的無知，我們肯定他們的負責出席，完成作業，參與互動。偶爾雞同鴨講時也有笑成一團的輕鬆，他們的智慧之譬「大冬瓜與小辣椒」道盡兩性間的微妙關係。可貴的是早期開口閉口：「我不吃這一套」的冬瓜先生在結束時說：「我承認愛老婆，如果有溝通的課，再來上」。

增權（empowerment）的理念及作法對受害、加害人是無分軒輊的。鼓勵加害人欣賞自己對家庭的付出，相信暴力是下策，而願意學習選擇不同的兩性互動方式，自保和保護家人。

美國知名研究兒虐的社會學家 Gelles 提出三個假設，作為全美家庭暴力預防計畫的基礎（Allen-Meares, 1995）：㈠ 90%的家庭暴力是社會肇因，僅 10%是個人心理病或其他問題。㈡改變社會結構及文化態度的主要處遇，可將暴力減少到 60%。㈢創傷發生後的次級處理，可減少約 70%的暴力再犯。

多年來陪伴不少的加害人，很多男性反映社會上輔導資源都傾向婦女，他們需要關懷時何去何從？為此一直有兩個心願：一

是希望能組成一個家庭暴力男性自助團體，讓男性經驗也被看重，使男性在復原路上也有社區和同伴的支持；一是在社區中建立保護資源網絡，結合司法、警政、社福、輔導等各個相關單位，定期聚會，就現行保護工作的困境及落實，不斷進行對話、協商，畢竟點狀分散的保護工作必須回歸到一個整合、有共識的保護系統中方能竟其功。

二○○○年在西雅圖定期參與的保護網絡聚會，見受害、加害人雙方的所有相關人員沒有預設立場，彼此分享新知、工作心得、相互打氣，以及教會、志工為了家庭和社區安全，義務的投入、付出，令我印象深刻，也期許台灣各領域的工作人員能以團隊合作的模式攜手共進。

「愛中沒有懼怕」是我們對家庭中安全親密的願景，這個願景需要更多覺醒、更多的合作夥伴、更多執著認真努力如成蒂者。

李開敏

臺灣大學社會工作系兼任講師

☪ 林序

面對加害人

過去二十年來，婦女運動的努力，使得婚姻暴力從家務事的櫥櫃中現身出來。社會大眾也逐漸認知到婚姻暴力的犯罪性質。家庭暴力防治法通過後，公權力就正式的介入家庭，處理暴力的問題。突破了過去社會將資源放在幫助受害婦女逃、躲、忍耐或出走等單方面對暴力的做法。儘管如此，加害人似乎仍有種不可近性。他面目模糊，隱在暗處。今日，家庭暴力防治網絡為受害的婦女及兒童提供庇護、經濟及法律的支援，以及增權諮商及創傷治療。但對加害人的設限和強制輔導及治療的工作卻一直未能順利推展，成效也不佳。本書第二章加害人處遇發展與現況的討論中，作者以其本身實務經驗，及綜合現有文獻的整理，提出加害人處遇的抗阻及困難，主要在於社會文化制度對家庭暴力的權力控制本質和暴力行為的責任歸屬未能深入探究。影響所及，在公權力的施行上也趨向保守及自限，如加害人強制輔導及治療的裁定偏低、偏重醫療模式、及兩性平權認知教育輔導的受爭議等等。然而，如果沒有積極要求加害人改變的話，終止暴力的責任將被模糊，更糟的是轉移到被害人身上。不但容易掉入指責受害人的陷阱，對終止暴力更是毫無助益。

　　目前嘗試解釋男性對女性暴力的理論，涵蓋了個人成長經驗及內在心理動力因素、身心病態因素、關係依附及互動溝通因素、及性別權力因素等。這些理論各有其獨到的觀點及有力之處，也都有其限制。但除非重視暴力行為是個人的選擇，否則在實務工作上，我們很容易就被導向去處理引致男性暴力的外圍因素，如成癮行為、生活壓力及壓力調適問題、互動模式等等，而忽略了去面質及限制男性自我選擇對女性暴力的決定。會發生這樣的結果，不完全是個別理論的限制，而是社會文化深層結構中，父權意識型態對男性權力的認可與支持。實務工作者如果沒有對社會文化及性別政治因素有充分的自省及覺察，就不能清楚的要求男性對暴力行為自我負責。與加害人工作時就可能輕易的歸因於外在的其他因素，甚至認同加害人對女性的貶抑及憎恨，或放大加害人對放棄權力控制的不安及恐懼，反而使加害人陷入無權力感中，無法終止暴力，開放學習新的平等關係模式。

　　本書陳述清楚的信念及整合了女性主義觀點、認知行為治療、敘事治療、及焦點解決治療的折衷取向實務模式。強調性別權力意識的認知教育輔導模式，並不是要和男性加害人做權力鬥爭，將男性加害人逼迫成受害人或者權力的邊緣人。而是要協助男性加害人覺察性別權力結構如何影響他對待女性的態度和對暴力的選擇。期待在加害人決定改變的情況下，重新建構親密關係中新的、非暴力的可能性。

　　作者在書中有兩個重要的觀點。一是在概念上重視男性對女性暴力的社會、政治及文化的基礎，因而主張婚暴加害人處遇的目的不止在消弭暴力行為，還要更深層的改變虐妻的態度和控制

的模式，最終希望推動「更大更深的社會變革」。二是在實務工作上強調家庭暴力防治系統各個環節的整合及責信，是使加害人終能承諾放棄暴力的重要關鍵。的確，單是婚暴加害人處遇方案不能獨自完成改變加害人的任務，社會文化對暴力的譴責、司法警政的明快處理、受害人的確實保護，都是促使加害人選擇放棄暴力的重要因素。因而也強調受害人對加害人暴力的評估及加害人處遇期間受害人安全的保障。

本書實務篇詳盡介紹加害人認知教育團體中四階段二十四個活動內容。前兩個階段的活動推動加害人面對自己的暴力行為，進而承諾放棄暴力，接下來引介和配偶子女建立平等親密的關係，最後回頭探索原生家庭與暴力的關係，強化內在觀點和態度的改變。活動的設計及引導過程和作者的基本信念相當一致，包括強調尊重加害人尊嚴，以開發內在力量的方式來催化改變，但仍維持一貫的堅定態度要求加害人自我負責。對實務工作者來說是很具體實用的參考手冊。

作者身先士卒，整合理論與實務經驗，拋玉引玉，相信能促進實務工作界有更清楚具體的焦點，做更多的交流及對話，一起在消弭暴力的路上合作前進。

林方晧

婦女救援基金會董事

☾★ 作者序

　　回顧一生，我發現自己經常身處直接、間接的暴力威脅中，我相信大多數的女性其實也與我有相似的經驗。所以這本書的完成，是為了我自己的內在使命和工作需要，也為了許許多多因家庭暴力而受傷的女性、男性、及其子女，更希望有一天我們能建造無暴力的社會和家園（雖然這是個不切實際的夢想）。

　　我常常想起許多親人、朋友、當事人訴說在家庭暴力中的無助、恐懼、絕望、傷心。在家庭暴力防治法尚未通過之前，我好像只能陪著她們流淚、等待；家暴法通過之後，由於司法、警政、社政系統的啟動，受暴婦女就不再只能處於被動的地位，而可以有些不同的選擇。施暴者也開始進入加害人處遇方案中。

　　我很慶幸與台北縣家庭暴力暨性侵害防治中心合作的過程中，能有一致的立場和工作理念——以受害者的安全與正義為目標。我也感到自豪的是能與李開敏在缺乏官方資源，突破許多困難的情況下發展出一套符合我們的治療信念、人性哲學的整合式加害人處遇工作模式。

　　所以這本書：《終結婚姻暴力——加害人處遇與諮商》，是一套民間獨立發展的、以受害者安全為目標的、地區性的、實用性高的處遇模式。不但可供實務工作者參考，亦可使家庭暴力相關領域，如司法、警政、社福、教育、醫療等專業人員了解婚姻暴力加害人處遇的內容、限制、目標、準則與績效。同時在此接

受社會各界人士的公評與回饋，使台灣的婚姻暴力加害人處遇能有更多元的觀點與對話。

當然本書必定有其不足之處而未能盡善盡美，相關研究在台灣更是付之闕如。讀者閱讀的時候會發現自己的不同觀點、立場和作法，我相信這是一個好現象。婚姻暴力加害人處遇原本就存在各種相異的理念與工作內涵，值得我們再深入思考，發展出適合台灣本土文化的處遇模式。

實務篇的活動具有高度結構性，一方面是針對加害人的特點所設計；另一方面則為初入此領域的工作者提供一個清楚的架構，使團體進行過程能聚焦在重要議題上。當然，資深有經驗的處遇者，則會考慮自己的領導風格、治療取向、成員特質與文化背景、團體動力等因素，彈性運用各種活動內容，使處遇工作達到最佳效果，並形成「內容」（contents）與「過程」（process）之間的適當平衡。

在加害人處遇進行的過程中，能找到相互支持、鼓勵、分享的好伙伴對我來說是極其重要的。我非常幸運能與開敏一起進行加害人處遇團體，由她身上我看到了熱情、創意、直覺和睿智。也因為我們都喜歡 Satir 模式家族治療，所以在不斷的溝通和協調中，能將彼此的差異轉化為正向的力量。她對本書的用心回饋、資料的提供、團體活動的設計，都令我獲益匪淺。

我很榮幸能有雁琪（當時她是台北縣家暴中心主任）的信任，由於她的遠見和理想才能使加害人處遇方案在台北縣展開；方晧在受暴婦女救援工作中的長期耕耘，使她極具資格針對本書的加害人處遇過程做最直接的監督與考核。

　　在此也感謝葛書倫女士自美返國所引介幾種加害人處遇模式，其中在 Atlanta 的 Men Stopping Violence 處遇方案為本書提供重要的參考依據。此外，陳馛慷慨分享個人經驗和資料；北縣家暴中心黃美雀、蔡育欣小姐，及呂旭立紀念文教基金會的行政支援；心理出版社吳道愉先生不計商業利益出版本書，陳文玲編輯耐心創意的編排校對等，都令我感念於心。

　　最後，我要向所有匿名的、經歷家庭暴力的女性、男性、小朋友們致意，他們教導我學習並領悟為暴力負責任的真諦。

成蒂

XIV ◆ 終結婚姻暴力

☪目錄

實務篇　　　135

講義與作業目錄

表格：

講義與作業：

導　論

· · · · · · · · · · · · · · · ·

　　這是一本介紹家庭暴力加害人處遇的書，可讓有興趣的讀者一窺加害人處遇發展的來龍去脈。近幾年，隨著家庭暴力案件日益增多，婚姻暴力加害人處遇與司法、警政、社政、醫療等系統的關係也日益密切。司法人員、家庭暴力防治官、社會工作者等相關人員就更想要了解什麼是家庭暴力加害人處遇？加害人認知教育團體處遇有哪些內容？目的是什麼？認知教育團體的執行有哪些準則？效果如何？有了答案後，司法人員才能判斷在核發保護令時是否要加害人完成認知教育處遇；警政人員即可根據保護令去執行處遇計畫；社工人員則可由不同的理論取向中，選擇合宜的認知教育團體來轉介案主。各領域的專業人士因為了解了加害人處遇的內容與功能，才會重視、監督加害人的參與過程，以達到終止家庭暴力的目的。因此本書會介紹國內外婚姻暴力加害人處遇的發展與現況、內容與過程、效果與評估等，以供處理家庭暴力相關人員參考。

　　這也是一本實用的書，擬為婚姻暴力加害人處遇工作者，提供一些在個別諮商和團體處遇工作中實際的方法和過程，同時也介紹國內外相關的理念與實務。在本書中讀者不會看到學術性理論和研究探討，而是運用於加害人處遇實用統整的技術。

　　每回遇到從事相關工作的夥伴們，不論是醫療、社工，或諮商工作者都顯露著急好奇的心情，想一探究竟如何與婚姻暴力加害人建立工作關係？又如何處理暴力行為？加害人處遇一定要包含暴力議題嗎？如何與加害人做諮商？如何處理在面對加害人時所引發的自我內在複雜情緒？如何能保有良好身心狀態而不會能量耗竭？所以我很願意將自己工作的想法和過程記錄下來與同好分享。

　　但有時覺得在短時間內很難將所有的處遇過程和理念基礎完整說明，所以興起一念將自己在探討國外文獻，且將重要處遇模式整理後，轉化成適用國人文化及語言的處遇。例如 The Duluth Model 為美國經典的婚暴加害人處遇模式，許多州政府之加害人處遇方案準則中，皆推薦此模式為處遇基礎原則。其中最重要的處遇理念是男性對女性的暴力為經由虐待而達到控制和權力的目的。因此「權力與控制輪」（Power and Control Wheel）在國內外常被廣泛採用來解釋婚姻暴力的本質。然而在實務工作中，若對國人男性加害者說明此概念時，常不易被吸收和消化。所以本書即採取以同樣觀點但表達呈現方式較為簡易平實，卻有異曲同工之妙的「**暴力屋**」與「**安全屋**」，以適合國人之接受度和理解力（見**實務篇：活動四**，第 162 頁）。

　　這也是一本經驗分享的書，由女性經驗的角度出發，經過作者十多年來與許多婚姻暴力受害婦女工作、相處、陪伴所累積的工作原則與態度。身為女性，可以深刻感受到生活中暴力的威脅、對暴力的恐懼，也因此衍生出對性別中權力和地位不平衡的敏感與體驗。我相信施暴者須為自己的暴力行為負責，並在處遇

中了解暴力對妻子和兒女的傷害。如今我們對婚暴動力已有更清楚的認識，透過這些認識，我們可以支持、協助、保護受暴婦女與目睹子女，而且期望經由各界婦幼安全倡導者的努力，在未來有一天，社會文化價值會有所改變，女性同胞能擁有免於婚姻暴力恐懼的自由。

一旦將自己的工作方式與經驗呈現出來，就免不了要勇於面對不同立場和理念的工作者的批評和回應，但我樂於拋磚引玉，形成直接和間接的對話與交流。因為這樣的經驗分享即為我在進行艱難的婚暴處遇中，進步和力量的來源。

家庭暴力防治工作必須依賴司法、警政、社工、輔導、醫療、教育各領域間的整合才可能順利推展，因此每個系統間的對話與協調，就顯得日益重要了。然因國內家庭暴力防治才剛起步，大家各說各話，對暴力的本質與責任不但無法達到基本共識，彼此之間亦缺乏經驗交流與理念溝通，導致婚暴加害人處遇的實施更形困難。

例如，我們常可看到受暴婦女在法庭上受到責難、申請保護令時延宕核發、或被強力要求與施暴者接受婚姻諮商或家事調解，因而使受暴婦女陷入更巨大的危險與恐懼中。此外，許多警政人員在處理家暴案件時，對暴力夫妻勸導和解，亦不明瞭加害人處遇之意義；在執行保護令規定時，並未確實按照法令程序進行。

而由內政部家暴委員會和衛生署所推動的「家庭暴力加害人處遇計畫」可發現，婚暴加害人處遇過於偏向以精神醫療觀點來發展其模式與流程，使得已執行機構中有 98%以上為精神醫療院

所，處遇方式也慣用傳統的心理治療和婚姻治療。然而婚姻暴力加害人因心理異常、性格障礙為肇因，且需精神醫療人員鑑定和治療者，只占極小部分。大多數加害人就在我們生活中的各職業階層、各知識領域、各族群文化中。所以使用精神醫學和心理治療來處理婚姻暴力，不但誤導大眾認為暴力的發生是心理有問題，亦使施暴者容易推卸責任。若進行婚姻治療或家族治療，則有明示、暗示受害者應為暴力分擔責任，且治療師與施暴者共謀之嫌疑。

尤其在親密關係中，施行暴力者大部分為男性，加害人處遇在探究暴力的本質與作法上，皆朝著避免責難受害者、要求加害者為暴力負責，並將婚姻暴力視為男性加諸女性的權力壓迫與控制。然而，將加害人處遇醫療化的另一結果是，精神醫療的專業人員以病理角度看待暴力而輕易迴避性別中的權力議題，並模糊暴力的焦點。

此外，如中央主管機關對防治家庭暴力未能建立完善制度、保護令中強制認知教育處遇比例偏低、審前鑑定人員與執行處遇工作者理念差距、建立加害人處遇訓練與制度由少數學術精英和男性醫界人士所壟斷等因素，使得受暴婦女安全與保護的工作更難推展。

因此，我願意在此直言直語先做砲灰，提供各界有心人士共同來省思對話的機會，使得婚暴加害人處遇的相關工作人員在各自的專業領域中不再單打獨鬥，而可以發出不同的聲音和意見。尤以在國家權力機制和父權社會中，未能掌握資源與權力的實務工作者的心聲，更加彌足珍貴。唯有如此，婚暴加害人處遇才能

在合作與協商的基礎上往前邁進。

　　本書所指婚姻暴力，泛指目前正在婚姻關係中或曾有婚姻關係，包括分居、同居、離婚或未有婚姻關係的雙人伴侶，二人之間所存在的暴力。為了說明方便，故通稱婚姻暴力，內容分為兩部分：**基礎篇**和**實務篇**。

　　在**基礎篇**中，我將在**第一章**介紹**基本理念**，之後依序為**第二章：婚姻暴力加害人處遇的發展與現況，第三章：婚姻暴力加害人處遇的理論基礎，第四章：婚姻暴力加害人處遇與諮商技術，第五章：團體處遇的建構與準則，和第六章：婚姻暴力加害人處遇效果評估**。這幾章的內容皆參照國內外重要模式，如 The Duluth Model 、EMERGE、Men Stopping Violence 等，並整合女性主義觀點、認知行為治療、敘事治療、焦點解決短期治療等理念而成。其中關於加害人處遇的基本觀點、團體建構、認知教育課程內容、處遇目標、效果評估等部分，亦參照美國大多數州政府所制定之加害人處遇準則與規範所擬訂。並在第六章針對加害人處遇的績效進行討論。

　　美國加害人處遇皆以團體方式進行，而不採個別諮商或輔導。但在台灣，因處遇方案尚在起步中，團體處遇實施亦尚未成熟，許多實務工作者因現實條件的考量，仍必須進行個別處遇工作。因此本書**第四章：婚姻暴力加害人處遇與諮商技術**將介紹個別處遇工作可使用的方法，但基本原理也可應用在團體處遇或非自願案主的工作中。

　　在**實務篇**中則參考美國加害人處遇準則設計出的團體處遇採用高度結構的型式，在實際進行過程中，領導者仍需視團體動力

過程，和成員參與狀況彈性調整進行方式。四個階段之活動內容與流程為：**第一階段：確認暴力行為及其影響，第二階段：為暴力行為負責，第三階段：建立平等尊重的親密關係，第四階段：探索原生家庭與暴力之關係**。每個活動可進行二小時，第一階段和第二階段的焦點放在加害人可以指認暴力，並為暴力負責。共計可進行十一次或十二次課程，約二十四小時（處遇工作者可自行調整時數）。對許多強制認知教育的案主較易實施，也是較為重要的部分。

如果案主在第一、第二階段進行順利，且處遇仍須進行下去，則可繼續完成第三、四階段。願意為暴力行為負責，且有動力改善家庭關係的案主，若時間許可，領導者可視團體動力、成員參與的程度、適合的主題來決定進行的方式。

在時間的安排上，每次活動可由簡報（check-in）開始，團體成員在三十分鐘內分享上週作業的心得，或運用「**暴力及控制行為檢索**」或「**每週自我評估表**」來監督自己的一週表現，並在團體一開始即分享之。接下來的八十分鐘進行當次課程主題，最後十分鐘即介紹作業並結束活動。如果在課程結束前，每位成員以一句話說明自己所學到的功課，會是很適切的結束方式。有些活動內容，例如：**我是一隻噴火龍——男性的情緒與表達、期中考核——報告個人安全計畫、聆聽的藝術、處理自己的氣憤、處理親密關係中的衝突、由父母的眼光看自己**等，則需較長時間進行，團體領導者可視狀況延長為兩週活動。

與婚暴加害人進行諮商或處遇是極為困難的工作。因為加害人通常都不情願去面對他們的暴力對妻子和兒女造成的傷害，又

因為受到社會、文化、家族所賦予的男性特權，會緊緊守住自己的立場和理由，且將暴力責任歸於受害人。然而若任何一位案主因為處遇而有終止暴力的決心和承諾，這項工作不論如何艱難、成效如何微小都值得我們持續努力下去。

基礎篇

第一章

基本理念

過去十多年來，心理衛生專業人員面臨婚姻暴力的問題時，主要的工作焦點幾乎都在暴力受害者身上，例如協助受虐婦女保護自己的生命安全、如何運用社會資源來保障生活和權益，和協助受虐婦女由創傷走向復原。然而，不論是個別諮商或支持團體，我們都會發現，單單與受虐婦女工作並不能終止婚姻中的暴力，更無法提升親密關係的品質。

許多受虐婦女因為經濟、社會、家庭或個人因素無法離開暴力的婚姻，而必須生活在暴力的威脅與傷害之中。但如果她要選擇結束婚姻關係，往往必須付出極大的代價，甚至要冒著生命危險離開施暴者。而施暴者在配偶離開後，也可能會再度對前妻或其他親密關係中的伴侶或子女施暴。所以我們逐漸了解，必須要與施暴者工作，協助他處理暴力行為，才有可能終止婚姻暴力。

由於暴力是施暴者所採取的一種選擇性的行為，所以他也可以停止自己的暴力，而不是由受害者來為他負擔終止暴力的責任。自從家庭暴力防治法通過之後，婚姻暴力就不再只是普通的家務事，而是一種需要社會各層面共同來防治的犯罪行為。為了使加害人不再對他人施暴，每位加害人皆應參與適當的處遇方案來發展非暴力的行為模式和信念系統，並且要針對自己的暴力行為承擔責任，而不再歸咎配偶。

因此家庭暴力防治法對心理治療與諮商專業人員的重大意義是：

㈠家庭暴力是犯罪行為；施暴者要為自己的犯行負起責任。

㈡家暴法和整個防治網絡的目的在於受害者的安全與正義；諮商者不可因施暴者的暴力責難受暴者。

㈢公權力積極介入私領域以有效防止家庭暴力，並且施暴者應參加加害人處遇，以修正暴力行為。

我們都知道傳統的心理諮商和治療強調的是治療者價值觀的中立和客觀，並尊重支持案主所欲完成的目標。然而在加害人處遇的個別會談或團體課程中，治療者並無法維持中立客觀的立場，而必須清楚自己對暴力的態度，並邀請施暴者為其暴力負責。因此治療者對暴力的看法和理念決定了個別晤談和團體處遇的內容與方向，亦影響處遇的效果與品質。

本書中所指婚姻暴力，為親密關係中的傷害與暴力，舉凡施暴者對受暴者所施予的控制行為，包括身體的、心理和語言的、經濟、社交、性、靈性等各方面的虐待和控制。較顯而易見的，

通常是施暴者對於受害者在身體上所加諸的傷害。然而我們由實務工作的經驗中可知，許多其他形式的暴力，如威脅、恐嚇、孤立、羞辱、貶抑等，對受害者所造成的心理傷害並不亞於身體暴力，所產生的恐懼甚至有過之而無不及。因此在審視婚姻暴力時，我們不只要看到外顯的身體暴力行為，還必須了解暴力和虐待的其他面相。男性對女性施暴，往往想藉這樣的控制達到自己個人目的並掌握權力。男性在性別角色社會化的過程中即習得使用暴力來掌控駕馭女性，以使女性能屈從順服。所以治療者在婚暴加害人處遇工作中，不只要協助男性施暴者放棄暴力行為，還要協助他們去覺察和改變這些行為背後對待女性的價值信念體系。

誰是施暴者？

雖然在婚姻暴力中，先生和妻子都可能會參與暴力事件，相互爭吵或鬥毆，但不可否認的，大多數的施暴者為男性。例如，在美國 95%（周月清，1996）、香港超過 90%的施暴者為男性（陳高凌，2001）。女性在施暴過程中多以自衛的形式來表現。所有的資料，不論是在醫院急診室、警方紀錄、諮商機構、法院審理案件都是呈現這種以男性為主要施暴者的現象。即首先採取暴力行動或造成較大傷害的大多為男性。而女性則試圖在暴力中尋求保護，且多數婦女會因暴力受到身心傷害，亦對暴力產生巨大的恐懼與焦慮。

過去美國的執法單位在家庭暴力情境中逮捕「首要」施暴者

時，是以首先採取身體暴力的人為逮捕對象，然而卻常誤將受害者當成加害者拘捕，所以法律執行單位現已改變政策，要求警察人員要逮捕的是「主要的施暴者」（dominant aggressor），即造成傷害最嚴重的一方。這使得警察人員必須在暴力情境中審慎檢驗傷害內容、攻擊的情形、互動細節、雙方害怕恐懼的強度才能判斷（Carbon, 2002）。

責難受暴婦女——
將暴力歸咎於受害者的態度

當一位婦女在親密關係中反覆被毆打，就會在身體、心理、靈性上受到深刻的創傷，並嚴重影響她生活、工作、人際關係或親職的功能。而不論她是否反擊回去，毆妻者及周圍的系統都會將她標籤化為軟弱、無能、有缺陷、病態的。毆妻者還會責怪受害者都是她激發他的怒氣、挑釁他，使他控制不住自己的脾氣才會打人。所以常出現「是她自找的」、「她應得的」、「都是她引起的」、「只要她不找麻煩就沒事了」等言辭。受暴婦女同時還常被毆妻者以惡名辱罵，如賤女人、壞媽媽、爛貨等。

受暴婦女亦會被專業或非專業人士評為懦弱、依賴型人格障礙、失能、不知如何取悅先生、因學來的無助感而站不起來、功能不良的母親、酒藥癮患者、身心障礙、暴力的女人、溝通技巧不足、自虐和自我傷害等；她會遭遇暴力都是因為她做得不夠

好、不夠努力、一定是她有毛病等。所以這些人（包括鄰居、親友、學校老師、牧師、警察、司法人員、醫療人員、治療師等）有時會建議她去接受心理治療或婚姻諮商。但很少人會告訴受暴婦女，她不該為先生的暴力負責（Pence & Paymer, 1993）。由於社會上普遍存在這種對受暴者的責難和曲解，因此容易忽略施暴者所須負的責任，使得受暴者因為婚姻中的暴力更加內疚和自責。

美國的婚暴加害人處遇模式，如 DAIP、AMEND 和 Alternatives to Violence Programs 等不但推動各機構間的聯繫與整合來終止暴力，更致力於改善警政、司法系統、心理衛生人員對待暴力的態度，以消除對受害者的責難與歸咎。從事與家庭暴力有關的工作人員必須互相提醒，才不致於陷入這種責難受害者的反應姿態，形成與加害者的共謀關係。在與加害人進行處遇工作時，也可使用結構化的處遇活動來防範這樣的工作態度。除此之外，還可參考國外加害人處遇的督導制度，邀請女性受暴婦女安全倡導者進行監督和考核。

婚姻暴力加害人處遇的工作信念

婚姻暴力的處遇工作，是一個費時、費力的浩大工程。治療者不但要知道處遇的目標和內容，還要具備自己工作的基本信念。有了這些信念，才能引導處遇過程在適當的軌道中進行，同時也能對參與的案主釋放出清楚一貫的訊息。在看到案主各種否認與抗拒時，治療師有這些信念的支持才能朝著目標堅定的往前走。

　　許多工作夥伴也常用懷疑的語氣問我：「加害人真的會改變嗎？」「加害人處遇真的有用嗎？」我的回答常是：「很難改變！」「效果很小。」但為什麼還要去做這樣困難而且成效不大的工作呢？我個人的答案是，只要在數十位婚暴加害人處遇中產生一位願意承諾終止暴力，且在家庭中確實改變暴力行為的先生，對他的家庭、配偶和小孩就能造成決定性的正面影響。因此，為了這些少數的家庭就值得努力下去。

　　下面即為支持我進行婚暴加害人處遇的幾項重要工作信念：

　　㈠**婚姻暴力是加害人選擇的行為**。助人工作者須協助加害人認清暴力行為是加害人選擇對自己親密生活中的配偶或子女所表現的虐待行為，為的是他可以在短時間內發洩自己的情緒，達到自己所欲求的目的。由於大部分加害者在家庭生活外的社交圈或工作環境都沒有暴力跡象，如果被他人激怒也不會施暴，但卻會對配偶拳打腳踢；許多加害者在施暴後或平常生活中也有能力對配偶表現出友善和理性的態度，因此可知加害者並非不能控制自己的行為，更不是不知道如何善待妻兒，而是他選擇不去這麼做。加害者會對妻兒施暴是因為他相信這是他的權利，也是社會文化所允許的男性化行為。

　　由於有些婚暴加害者同時也有酒癮、藥癮，使得社會大眾甚至專業人士，以為酒、藥癮是造成婚姻暴力的原因，所以相信施暴者因被癮症所控制而產生暴力，他自己無法選擇。但事實上，癮症並不會造成婚姻暴力；施暴者戒癮之後也不一定會消弭暴力行為。我們知道並非所有的酒、藥癮者都一定會毆妻；而毆妻者

常在清醒時即對妻子有肢體、語言、精神上的虐待與控制。所以婚姻暴力合併酒、藥癮時，必須當成兩個問題來處理。一旦施暴者戒除酒、藥癮後，還是要針對他的婚暴行為進行認知教育的處遇。

　　㈡**婚姻暴力是學習而來的，也是可以改變的，施暴者須為此行為負責**。若要維持長期的非暴力行為，則加害者須發展出內在的動機來支持這種改變。大多數的加害者進入處遇中，都是因為外在的壓力──例如法院的強制處遇、配偶要離婚，或家族社區的壓力所迫使而來的。雖然極少數加害者會自動產生內在改變的動力，但大部分情況，我們都必須在個別晤談或認知教育團體中不斷的說明，藉由外力和社會控制不能真正產生行為的改變，唯有發自內心的意願和動力才能改變對待配偶的態度，因而產生夫妻關係實質上的改善。

　　然而，由於加害者秉持父權意識中「唯我」、「獨尊」、「理所當然」的優越專制信念，而藉由控制的手段以維持社會結構下所享有的權力（黃志中，2001a）。所以加害人處遇除了要嘗試去轉化這種信念體系，還必須造成態度和行為上的改變。

　　多數加害者並不情願達成這樣的轉變，而寧願只是因為外在壓力或社會控制參與處遇計畫。一位在美國已從事家庭暴力和加害人處遇十五年，且已處理超過兩千個個案的男性諮商師 Lundy Bancroft（2002）即很遺憾的指出：大部分的毆妻者選擇不改變自己的暴力行為，並不是因為他們不能改變，而是他們決定不要改變。他們在腦海中已進行了利弊得失的分析過程，而且認定繼

續控制配偶的利益大於所付出的代價。因此諮商師所提供的改變任務會令他們覺得極為不舒服和過於困難，並且必須放棄太多生活的優勢。

所以真正的改變開始於加害者認清和面對自己的虐待行為不但不可能達到控制的目的，反而會招致無可彌補的傷害。治療師或團體領導者必須協助加害者看清虐待行為背後的意圖及在現實生活中所造成的影響，並檢驗這些後果是否為加害者真正的目的。

澳洲敘事治療師 Jenkins（1997）在過去十多年中與工作夥伴不斷嘗試與探索家庭暴力及性侵害加害人的處遇工作模式。他們相信要達到非暴力的目標，前提是暴力加害者要為自己的行為負起完全的責任，即承認虐待的存在和嚴重性，能夠明瞭虐待行為對受害者及他人的衝擊和影響，並且自己負擔消弭暴力和改變行為的義務。

加害人如何為自己的暴力行為負責，有關的專業技術將於第四章再說明。

(三)**我們對婚姻暴力加害人所做的工作，最終目的是在保障受暴婦女與子女的安全**。這由國內受害者保護運動及女性法學運動的思維發展可見一斑。家庭暴力防治法之立法精神，在於以受害者地位思考，而加害人處遇計畫係為保護受害者而生之制度（賴芳玉，2002）。美國各州之加害人處遇方案亦以此為最終目標。

所以在進行加害人工作之同時，通常需要配合相關的工作人員與婚暴受害者保持密切聯繫，告之她們的先生已進入加害人處

遇計畫，如果她們願意，則可詢問她們目前的處境、評估她們與子女的安全，與保護令實施的狀況。必要時社福人員可提供個別協談、庇護中心、警政單位或受虐婦女支持團體等資源的服務。如果施暴者違反保護令或未參與強制性認知教育處遇，警察人員則立即執行法令規定，以保障受害者安全。

　　㈣**所有參與處遇的加害者都有權利被尊重和尊嚴的被對待。**的確，在聆聽加害者敘述毆妻過程時，仍能維持尊重與接納的態度是很不容易的。如果加害者又不斷的否認自己的暴行，一味的歸罪於配偶，處遇工作者在此時仍必須保持冷靜、理性更是艱鉅。每位助人工作者在處遇的過程中，一樣也是帶著我們過去的歷史、創傷、價值觀、道德判斷來面對加害者，所以會產生各種錯綜複雜的情緒反應也是理所當然的。

　　然而所有加害人都值得我們尊重，並有權利尊嚴的被對待，不是因為同意他的暴力行為，而是他生而為人的天賦權利，也是助人工作者的專業倫理。許多加害者在過去的人生經驗中可能也有創傷和被虐經驗，或目前被強烈情緒和嚴重壓力淹沒而感到絕望無助。在我們強調暴力的基本責任時，必須尊重接納對方人性面的需求、渴望、感受和身為人的價值，亦不必因為否定和指責他的暴力行為，而形成另一種暴力形式的對待。

　　但這樣的尊重並不表示處遇者就要迴避暴力議題，或因同情加害人過去的創傷、婚姻的痛苦而不去面質暴力行為與態度。國外大多數的加害人處遇過程都是充滿挑戰和面質的，也因此受到許多治療學者的抨擊。其實問題不在於是否**應該**面質，而是要**如**

何進行（Gondolf, 2002）。如果面質加害人時是充滿敵意、專斷和指控的，當然會引起案主的反彈和抗拒。但有經驗的諮商師會以一種鼓勵、精緻、尊重的方式來進行面質，同樣也可達到與加害者一起探討暴力行為、暴力信念、暴力影響、和終止暴力的目的。

㈤**引領婚暴加害人開發內在力量與資源，以催化改變歷程。**傳統的心理治療常以案主的病症、偏差為治療焦點。我所接觸過的暴力加害人，內心深處常是敏感脆弱的，因此對治療師這種負面、挑剔、批判的態度很易反感，因而對處遇產生嚴重抗阻。所以處遇進行過程中如果能採納「焦點解決短期治療」（solution-focused brief therapy, de Shazer, 1985; Klar and Berg, 1999；許維素等，1998）中的正向力量與成功經驗，和Satir（Satir and Baldwin, 1983; Satir, Banmen, Gerber, & Gomori, 1991） 家族治療模式中所強調個體內在資源，而非強調病態和失功能的原則，將有助加害人激發改變的動力。這種治療的態度是近代人本思維和後現代建構主義的影響所發展出來的。如果處遇工作者可以運用正向的語言，協助加害人發掘自己在過去緊張升高的情境中成功消止暴力行為的經驗，避免與加害人進行無謂的爭辯或強烈面質，才會減少加害人的防衛反應，使他覺察自己的內在力量是如何控制暴力行為的，並可因此提升處理暴力場面的自信與意願。

第二章

婚姻暴力加害人
處遇的發展與現況

前我們在臺灣所看到已實施的幾種處遇計畫，在本章所要介紹的，不論是 TA 治療模式、高雄市「家庭暴力加害人認知教育團體」、臺北縣家暴中心「家庭安全認知教育團體」、高雄私立仁愛之家附設慈惠醫院「家庭暴力加害人認知輔導教育」，內容和理念多為沿用美國已發展多年的模式。這樣可以讓我們少走很多的冤枉路，也減少許多摸索的時間。但在這幾種已實施的模式中，很少能有機會相互充分對話，我在此先闡明個人對於加害人處遇的思考歷程與處遇內容，這樣可以提供相關處遇工作人員一個檢視和討論的機會，而不會流於只複製他國工作模式卻缺乏本土經驗交流與重整的偏狹。

在探討台灣已進行的加害人團體處遇模式之前,讓我們先來看看婚暴加害人處遇在國外和國內發展的歷史背景,以及目前在台灣審前鑑定制度實施的意義。

歷史背景

一九七〇年代後期在美國隨著被毆婦女運動的展開而產生了對毆妻者的工作方案。尤其在當時婦女庇護中心的倡導者及受害者權益促進者,視毆妻行為為一種罪行而必須被制裁,且要引發毆妻者改變的動機才能遏阻暴力的發生。支持這波被毆婦女運動的女性主義觀點,所強調的是婦女的安全與正義,並主張不論暴力是如何發生的,女性受害者都不應被責難。加害人輔導目標在於使婦女減少受到身體傷害、情緒虐待和免於暴力之威脅。受害婦女的輔導目標則在賦權(empowerment)、善用社會資源、提升自我價值、促進個人的決斷和自主能力。

一九七七年有八位被毆婦女運動者的男性友人,在Boston成立一個男性的組織EMERGE,專為毆妻者提供所需要的協助。因為許多在庇護中心的工作人員發現受暴婦女回家後常繼續被毆打,有些毆妻者離開婚姻(或關係)後又會繼續毆打下一個女人。他們對這些現象深感挫折,所以成立 EMERGE 為美國第一個暴力處遇中心,來協助毆妻者終止暴力。

一九八一年在美國明尼蘇達州展開了Duluth計畫。當時是由一群在婦女庇護中心工作的男性,因為想要終止男性對女性的暴

力而產生的加害人工作方案。他們將焦點放在機構網絡之間的整合，並且致力於改善司法警政系統對待暴力和受害者的偏頗態度，例如姑息毆妻行為、責難受害婦女。當時在 Duluth 建立一個傘狀的網絡組織 DAIP（Domestic Abuse Intervention Project），使警察人員不必目睹暴力的發生即可將毆妻者以現行犯逮捕。一旦毆妻犯被捕就進入 DAIP 的流程中，法院會判定每位毆妻者皆必須接受 DAIP 所提供的輔導措施。包括二十四週的教育課程，內容有辨識虐待行為、情緒與虐待之關係，並學習新行為來取代暴力。必要時也會配合心理諮商，以與暴力教育課程相輔相成。在此同時，DAIP 會針對受害婦女及子女提供適合的服務與庇護。這種整合各機構、為加害者與受害者提供協助，並結合相關社會資源的 DAIP 方案，在當時是一項極有魄力的創舉。除了 Duluth 和 EMERGE 這兩個眾所皆知的加害人處遇模式外，在美國尚有 RAVEN（St. Louis）、AMEND（Denver）為早期著名的處遇方案。

　　近年來，在美國有關加害人的處遇工作也開始由民間的實務工作者來組織企畫，因著個人不同的訓練背景和理論思維發展出不同的處遇內容。有些致力於保存婚姻和關係的完整，而視暴力為關係失功能的結果；有些則將處遇內容完全放在加害者的憤怒控制、壓力管理，和溝通技巧上；有些則延用改良 DAIP 或 EMERGE 等重要方案的內容做為處遇架構基礎；亦有以依附理論或其他治療理論為主軸的處遇方案。

　　毆妻行為是一種犯罪行為，男性施暴者須為暴力負起責任的主張，在國內國外都引起一些質疑和反對聲浪。尤其九十年代以

來在美國興起的男性運動風潮，強調男性在成長過程中會因性別角色社會化而在人格發展的某部分受到戕害。在成為一個男人的歷程中，由於缺乏良好的父親典範與情感聯結，為了要成為陽剛的男人，就必須棄絕自己的陰柔與情感層面，這些內在創傷使得男性才是真正的受害者。男性的暴力行為也是這些創傷所造就的。

國內亦有學者抨擊持女性主義論點進行男性加害人工作的現象是一種「知識權力的展現」，隱藏「福音式的狂熱」，不但「將加害人處遇介入強制性的思想教育」，「造成婚姻關係的鬥爭化」，更漠視與壓迫加害人的創傷經驗、精神苦悶，所以女性才是隱性的加害人，而男性是沒有選擇的（王行，2002）。然而有一位在倫敦男性中心專職男性暴力工作的男性治療師 Adam Jukes（1993）早已針對這種男性運動中男人被解讀為受害者的看法提出批評。他認為男性雖是僵化的性別分化的受害者，但比起女性在性暴力、家庭暴力中的直接傷害是不可相提並論的。長久以來女性的受害經驗都是由男性來定義的，而女性也自然內化這類似是而非的觀點。男性運動其實是吸引一群戀母情結問題尚未解決而又無法面對此情結的男性，因此不能也不願去反省檢視男性以暴力手段對女性施加的控制與壓迫。「男人是受害者」的想法會嚴重阻止改變的可能性。女性在這種父權體制、男性優勢的社會結構下並沒有太多的選擇，而男性卻在這種社會中拒絕選擇而非沒有選擇。

臺灣婚暴加害人處遇之發展

　　相對於國外被毆婦女運動中有許多男性的參與，他們對暴力議題中男性的角色與責任、暴力的本質、女性的創傷有深刻的反省外，還推動司法、警政系統與心理衛生機構之間的聯結，切實朝著終止家庭暴力的目標邁進。在國內卻多由婦女民間團體和女性法律學者在進行被毆婦女的保護與安全運動。民國七十七年在臺北市社會局北區婦女福利中心成立了第一個以婚姻暴力防治為主要服務的官方機構。並開啟康乃馨電話專線，成立受虐婦女支持團體、聯誼會、各種講座，同時提供免費法律諮詢和心理諮商的服務。善牧基金會則成立臺灣第一個受虐婦女庇護中心，提供在暴力危機中的緊急安頓。高雄市則於同一年設立「婦女服務專線」，另於民國八十一年成立「婦女福利服務中心」，提供婦女心理諮商和法律諮詢等協助（黃湘玲，1998）。許多民間婦女團體亦在同時期開始提供婚姻暴力受虐婦女的相關服務，例如婦女救援基金會、現代婦女基金會、北高兩市晚晴協會、婦女新知協會、婦女會等（陳慧女等，2002）。

　　民國八十四年由婦女新知基金會所完成「防治婦女婚姻暴力研究報告」中指出，防治婚姻暴力應該制定婚姻暴力防治法規。又因為民國八十二年鄧如雯殺夫案所造成的衝擊，讓許多婦女團體深刻體認現存的法律規範與婚姻制度對女性的不公平，加速了對家庭暴力防治法的推動，隨即展開對美國家庭暴力防治法的研

究，並將之移入臺灣。八十五年由現代婦女基金會主導，中華民國女法官協會及婦女新知基金會協同，成立「家庭暴力法制定委員會」，於八十七年五月廿八日經立法院三讀通過後，家庭暴力防治法即由總統於六月廿四日公布，八十八年六月廿七日生效（賴芳玉，2002）。

臺灣家庭暴力防治法倣效美國家暴法精神，認為家庭暴力是犯罪行為，所以不應讓受害者遠離住所，而應使加害人遷出並遠離受害人之活動區域。因此，為了能確實防治家庭暴力、修正加害人的暴力行為，避免加害人再對配偶或子女施行暴力，須要求加害人參加處遇方案（賴芳玉，2002）。內政部於八十八年四月成立家庭暴力防治委員會，各縣市政府亦分別成立家庭暴力暨性侵害防治中心。行政院衛生署則於八十八年六月公告「家庭暴力加害人處遇計畫規範」，且於九十年二月修正。所增列的條文中除了建立相對人鑑定機制及家庭暴力加害人處遇計畫相關內容外，亦規範處遇計畫之橫向聯繫方式（張秀鴛，2002）。

制度和政策反映特定的性別價值意識（潘淑滿，2003），婚暴加害人處遇在臺灣由行政院衛生署所規範管轄，意含加害人處遇政策在國家機制中被醫療化和精神病理化。而傳統精神醫學和病理學即以父權思想、歧視女性、貶抑女性經驗和價值為主軸，此種醫療導向的婚暴加害人處遇計畫就成為父權體制的幫兇。直接服務加害人和受害人的工作人員，若缺乏對家庭暴力的性別敏感，不但影響其服務內涵與品質，更易對受暴婦女造成二度傷害（潘淑滿，2003）。

下面即針對在臺灣，有關婚姻暴力加害人處遇政策醫療化並

以家庭暴力相對人審前鑑定制度為例，來略探值得我們思考之處。

婚姻暴力加害人處遇政策醫療化——以家庭暴力相對人審前鑑定制度為例

　　內政部家庭暴力防治委員會基於法官在審理家暴案件時，對婚暴加害人之精神、心理狀態、認知及再犯評估等方面，需要醫療體系或心理衛生專業的衡鑑，才能判斷加害人是否需要特定內容、形式、時間之治療與輔導，因而發展出家庭暴力相對人審前鑑定制度（見「家庭暴力相對人審前鑑定制度」工作手冊）。經由專家的評估與介入，提供法官裁定保護令及處遇計畫之參考。同時透過鑑定流程之實施，讓加害人能有機會檢視自己的心理歷程與家庭關係，並且提供法律課程，告知違反家暴法之後果（張秀鴛、韋愛梅，2001）。整個鑑定流程至少需時四小時，內容包括兩部婚姻暴力短片之放映與討論、兩性權力議題之討論、個別晤談、書面評定、觀察考核等。法官再依據此鑑定報告，做為通常保護令核發內容及處遇計畫的參考，包含戒癮治療、精神治療、心理輔導，或其他處遇等（見圖一）。

　　自從司法院與內政部家庭暴力防治委員會推動全國各縣市實施家庭暴力相對人審前鑑定制度以來，實務工作者在進行加害人處遇時，會發現此項鑑定制度不但缺乏信度和效度，還暴露下列諸項問題。

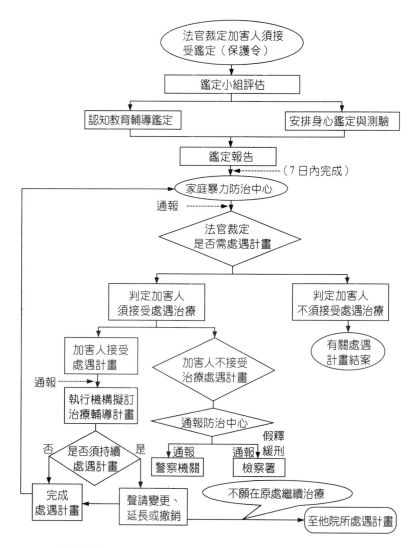

圖一　家庭暴力相對人處遇計畫鑑定流程圖

（張秀鴛、韋愛梅，2001）

　　㈠此鑑定制度雖然在法院進行，但鑑定小組成員多為精神醫療人員，基本上是醫療模式的一部分，並將婚暴加害人的暴力行為、暴力史、暴力嚴重程度等評估納入精神醫療範疇。這樣的鑑定模式隱含對暴力本質的觀點以精神病理為基礎，而誤將加害人的暴力行為歸因於精神心理病態或人格偏差，忽略了婚暴加害人暴力行為的社會文化、政治背景因素。

　　婚姻暴力普遍存在於社會各階層、各種知識程度，並非心理偏差的少數族群，已是不爭的事實。臺北市北區婦女福利中心在民國八十五年的統計顯示，91.2%的施暴者不是精神病患。因此絕大多數加害人並不需要審前鑑定，而少部分精神疾病或癮症患者，則採用現有精神醫療鑑定程序即足已。因此為司法人員審理方便所建立之鑑定制度與張秀鴛和韋愛梅（2001）所述：「……依實際參與家庭暴力相對人鑑定工作之專家意見，考慮到多數加害人的暴力成因主要來自其心理社會因素的影響，以及其原生家庭造成其唯我獨尊特質，故而發展非精神醫療之處遇模式……」相互矛盾。

　　此外我們由吳文正（2002）「家庭暴力加害人處遇計畫執行現況」中的統計可看到執行機構中，精神醫療院所即佔所有處遇機構之98.8%，即可明見加害人處遇政策和審前鑑定制度皆以精神醫療模式為執行主軸。

　　行政院衛生署在民國九十年二月所公布的加害人處遇規範中，規定處遇計畫執行機構包含醫學中心、區域醫院、精神科醫院，及沒有精神科病房之地區醫院得施行心理輔導和其他治療與輔導。這種由行政院衛生署所規範、並由各合格之醫療院所的精

神醫療人員所執行加害人處遇的流程，更加深社會大眾、司法警政人員、加害人、受害人的誤解與疑惑，以為加害人確實需要「心理治療」或加害人「心理有病」，因而忽略施行暴力是加害人需要為自己承擔責任的犯罪行為。

　　有些加害人甚至反應，當警察將保護令送到家中時，如果被要求接受鑑定或心理治療，左鄰右舍和家人皆以為加害人是精神病患，心中的羞辱很難形容。這樣被病態化、污名化的強烈羞恥感，對加害人進行處遇的成效即加深更多困難。

　　㈡鑑定過程忽略被害者受害經驗與完整暴力發展史，卻只利用粗糙簡化的填充題和勾選題來顯示加害人的暴力危險程度。相對的，國外在被害人受到暴力傷害時即有「法律倡導者」陪同受害人接受調查，並提供必要之協助（丁雁琪，2002）。在評估加害人的暴力事證和危險時，重視受害人所提供的受暴經驗，以避免加害人的否認和掩飾，並因此對婚姻暴力的嚴重性提供完整的面貌。所以由受害者角度來了解暴力發生的過程，可對加害人的暴力史、暴力嚴重性、危險程度、酒藥癮等方面做初步了解，而不會因為加害者的否認和合理化遭到扭曲和誤導。由「圖二：美國被害人處遇方案執行之系統關係」（丁雁琪，2002）來看，可以很清楚見到被害人處遇與加害人處遇環環相扣，且藉由司法、警政、家庭暴力防治聯盟各系統的整合，形成一個綿密的保護制度。雖然美國的防治體系不見得適用國內，但我們仍然可以從他人的經驗中習得一些功課，而減少時間、人力、物力的浪費。

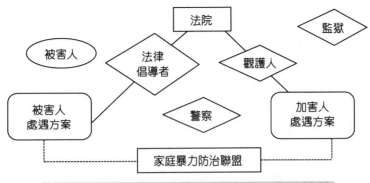

圖二　美國被害人處遇方案執行之系統關係

（丁雁琪，2002）

㈢鑑定制度雖應法官要求而設，實際上需要被鑑定的加害人只屬少數有精神疾病史、酒藥癮、人格偏差者。但審前鑑定制度則誤導司法人員以為只有鑑定後的加害人才須接受處遇，其他未經鑑定的婚暴加害人則不須完成認知教育處遇（法院核發家庭暴力加害人處遇計畫保護令之參考作業流程，民90，司法院頒布）。這是為什麼全國各地方法院在家庭暴力防治法民事保護令制度實施以來，所核發四萬多項保護令中，卻僅裁定三百多項加害人處遇計畫（張秀鴛、韋愛梅，2001）的可能原因。另一原因為法官對裁定處遇計畫所需專業知識不足，以至於不能判斷加害人需何種處遇計畫、頻率、期間、型式，才能降低暴力再犯率（張惠立，2001）。由此懸殊比例可知法官對家庭暴力的本質和責任歸屬並未深入探究，所以在核發保護令過程中大多數並不認為加害人皆有必要接受認知教育處遇，以協助其了解暴力對配偶和子女的傷害，修正長期以來對女性負面的貶抑態度，進而為自己的暴

力負起責任。

如今在司法院推行司法改革、專業分流的制度，司法人員宜對此鑑定制度深入了解其限制與不足，體認審前鑑定只能對少數家暴案件的處遇計畫提供參考依據。其他大多數的家庭暴力則有賴司法人員洞察性別議題與婚姻暴力的關聯，避免對受害人責難的態度，強力要求加害人參與強制性認知教育處遇以為暴力負責，才能保障婚暴受害者的安全與正義，並符合家庭暴力防治法的立法精神與目的。

㈣加害人進入鑑定流程後，往往延緩保護令的核發，使受暴婦女陷入等待和恐懼的煎熬中。而無法發揮保護令立即、迅速保護被害人之效果。

㈤鑑定工作內容不但包括臨床心理和精神狀態之評估，還納入兩性平權、法律教育、情緒管理、單次心理治療等其他與鑑定無關的內容，形成對加害人未審先判。而且進行下來常耗掉一整天時間，擾民又傷財。相對人出席率非常低，因此亦造成國家資源和社會成本之浪費（張惠立，2001）。

㈥鑑定小組與處遇人員因對婚姻暴力所持理念和立場不同，導致後續處遇的困難度增高。執行處遇的工作人員對草率的鑑定結果，不但常常與之缺乏共識，或必須更改處遇計畫，而造成主責機關、處遇工作者、加害人諸多困擾。法官、鑑定小組、處遇人員、家暴中心彼此之間須建立良好溝通管道，並對婚姻暴力之處遇與輔導發展整合共識，才能使加害人處遇收到具體成效。

國內婚姻暴力加害人團體處遇方案

　　至於國內婚暴加害人團體處遇方面，目前已規畫完畢並實施的有：㈠高雄市政府家庭暴力暨性侵害防治中心，自九十年八月展開辦理之家庭暴力加害人認知教育團體。㈡由臺北縣政府主辦、呂旭立基金會承辦的「家庭安全認知教育團體」。㈢高雄慈惠醫院認知輔導教育。㈣以溝通分析學派（TA）為取向的團體治療模式等。

一、高雄市家庭暴力加害人認知教育團體

　　由林明傑博士和黃志中醫師二位男性帶領者主持（黃志中，2001b）。自民國九十年八月起，每週二小時，團體採半開放式，成員為法院保護令宣判需完成認知教育的婚暴加害人。

　　團體進行流程分為三部分：㈠團體簡報（check-in），團體帶領者及成員自我介紹，並說明上週與家人相處情形，約三十分鐘。㈡認知教育主要課程，依課程所設計主題進行。㈢回饋、整理、結束聚會，成員分享上課心得，領導者也表達所觀察到的現象。本課程採十八週為一循環模式，六至八週後每位成員會安排三十分鐘會談。

　　此認知教育團體的特色為：

　　㈠二位領導者皆為高學歷、專業菁英男性。

㈡使用課程內容以《家庭暴力者輔導手冊》（The Third Path Model，林明傑等譯，2002）為主。

㈢團體目標在於「預防家庭暴力行為再犯」，並在團體中討論成員對家暴法之疑問與誤解，以降低加害人的焦慮不滿。

㈣團體領導者表達對法律和個人的尊重，強調幫助加害人而非懲罰，並積極營造成長、平等、尊重與真誠的團體氣氛。

㈤保護令使成員感覺「沒面子」，這也使得成員對配偶、警察、法官、家暴中心充滿憤恨，顯示加害人對「面子」的重視。

㈥領導者具備性別議題、性別歧視的敏感度，並將此類現象與成員暴力行為聯結。領導者亦會主張「暴力是一種選擇」、「人應為其選擇負責」（黃志中，2001 b）。

黃志中（2002）認為此團體剛開始所使用教材以《家庭暴力者輔導手冊》為主，而翻譯教材易引起團體成員的質疑與抗拒，所以後來團體規畫的十八週中，前九週為第一階段，重點放在與暴力相關的危險情境覺察、基本處理原則、現實療法的選擇理論等。後九週為第二階段，以加害人相關之心理、社會、文化議題為重點。課程內容如「表一：高雄市家庭暴力加害人認知教育團體課程主題」（黃志中，2002）所示。

高雄市家庭暴力加害人處遇計畫之所以能進行順利，家暴中心社工員及督導對資源機構聯結的努力與投入，實是功不可沒。不但在司法部門、衛生醫療部門、警政單位各機構間進行協調和溝通，務必使受害者的安全得到保障，並推動家暴法中的加害人處遇計畫得以落實（陳慧娟，2002）。高雄市家事法庭的法官也

表一　高雄市家庭暴力加害人認知教育團體課程主題

第一階段之課程主題

| 第一週 | 「在你們快要吵起來的時候，你覺得控制自己容易，還是控制別人容易？」「輔導目的是什麼？」及全部課程簡介、「情境想法情緒行為鍊」、「選擇三角形」 |

第一週　「在你們快要吵起來的時候，你覺得控制自己容易，還是控制別人容易？」「輔導目的是什麼？」及全部課程簡介、「情境想法情緒行為鍊」、「選擇三角形」

第二週　「（事件）認知（情緒）行為鍊」、「選擇三角形」，與「現實療法的選擇理論」、「婚暴犯三類型與依附理論介紹」、「婚姻暴力對小孩的衝擊」

第三、四週　情境上可以怎麼做？：認出自己的高危險情境及如何避開

第五、六週　想法上可以怎麼做？：認出自己的高危險想法及「這個想法是怎麼來的」

第七、八週　情緒上可以怎麼做？：認出高危險情緒及如何改變

第九週　行為上可以怎麼做？：認出自己的高危險行為、「這個行為是怎麼來的」、「可以換個作法」、自我肯定訓練

第二階段之課程主題

- 為暴力行為道歉的準備
- 在團體中練習道歉
- 男人生氣時為何會動粗
- 大男人主義
- 高危險情況及相關之想法、感受、行為和其阻斷的方法
- 如果配偶仍想要離開婚姻
- 自我探索——我是一個怎樣的人
- 配偶是一個怎樣的人
- 你希望一年後你的婚姻、家人、工作、朋友會有何不同？
- 酒的影響及如何面對
- 婚姻中的性
- 對於子女的期待——現在及將來

註：第二階段主題超過九個，原因為在具非結構特徵的團體歷程中，團體帶領者在簡報時評估哪一個主題適合該次團體。

（黃志中，2002）

一本家暴法的基本精神，裁定加害人皆須完成處遇計畫，更是讓此方案得以順利執行的一大推力。由此可知，加害人處遇工作之推廣須仰賴各機構單位間的合作與共識，缺一不可。請參考下頁「圖三：高雄市政府家庭暴力加害人處遇計畫處理流程」（陳慧娟，2002）。

二、臺北縣「家庭安全認知教育團體」

由成蒂和李開敏二位女性帶領者所進行。自民國九十一年四月起，每週兩個半小時，共進行八週。成員為非自願由法院強制參加處遇的婚暴加害人。

團體流程與高雄市家庭暴力加害人認知教育團體大致相似：㈠前三十分鐘為暖身時間，每位成員利用「**暴力及控制行為檢索**」（第 144 頁）來檢查自己過去一週內是否有身體暴力、情緒暴力和性暴力，並在團體中報告出來。在此階段如果成員分享在某些項目上有成功的經驗或顯示較上週有進步時，領導者即鼓勵該成員進一步探索自己成功的原因。㈡認知教育課程每週以一主題為焦點來進行，方案內容設計見第 39 頁。㈢團體結束前，每位成員簡短分享本次聚會所學到的功課及欣賞自己的部分。有時配合課程內容也會進行簡單肢體放鬆活動。㈣領導者說明作業內容，成員在未來一週完成，作業完成與否將列入評估的一部分。

此團體尚有幾項特點列舉如下：

㈠二位領導者為中年女性，參與家庭暴力輔導工作多年。二人為諮商界和社工界的資深實務工作者，彼此合作默契十足，亦

（參酌處遇計畫建議書）

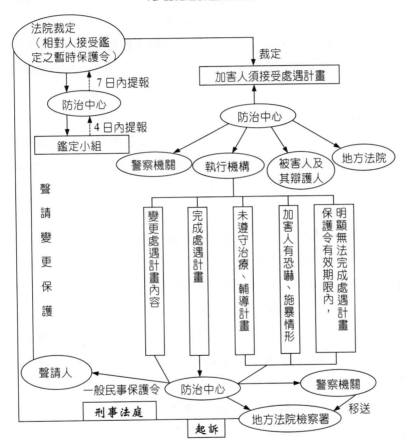

圖三　高雄市政府家庭暴力加害人處遇計畫處理流程

（陳慧娟，2002）

曾接受家庭暴力相關訓練。自北區婦女服務中心康乃馨專案開
始，成蒂即已開始與婚暴受害者和加害者工作。近年來則接受北
縣家防中心轉介，進行家暴加害人個別與團體處遇。李開敏則在
近十年來接受北市、北縣家防中心委託進行家庭暴力加害者與受
害者處遇工作，二○○二年亦在美國西雅圖的家庭暴力防治中心
接受訓練。

　㈡使用課程綜合西雅圖婚暴加害人處遇教材與其他重要模
式，如 Duluth Model、EMERGE、Men Stopping Violence（Atlan-
ta）等內容。二位領導者統整過去專業助人經驗和本土文化所發
展而成。

　㈢團體目標在於「終止暴力並保護受害者安全」。所以團體
主旨不僅轉化加害者有關暴力的信念、放棄權力與控制的手段，
還要為自己的暴力行為負起責任和做出新的選擇。

　㈣基於以上的團體目標，每位成員必須完成個人的安全計
畫，以做為評估的重要依據。團體進行中及結束後，領導者還要
與加害人配偶電話聯絡，一方面確定受害者安危程度，另一方面
藉此了解課程效果、團體成員與配偶互動情況。

　㈤二位領導者對人性觀持正面態度，相信人內在即擁有資源
與力量來應對生命難題，所以視每位成員為有尊嚴、有價值的個
體。團體進行中，重視的是成員正向的成功經驗和內在力量，尊
重成員獨特的文化、階層、家庭、成長背景，以及接納每個人內
在獨特的主觀經驗。

　㈥領導者具有女性特有的性別角色經驗，尤其對階級、性
別、政治、族群、社會中的權力與控制議題有相當的體驗和敏

感，團體成員亦能對此表現出熱烈的互動。

㈦在團體結束後，經由領導者主觀評估和受害者的回饋結果，皆顯示成員在態度、認知、語言方面有顯著的進步，在與配偶的相處中也不再有肢體暴力行為。

方案內容設計如下：

【第一階段】

　　團體形成

　　指認暴力事實

　　處理否認

　　認識暴力對婚姻、配偶、小孩、自己的影響

　　介紹「控制與權力」VS「平等與非暴力」關係

　　介紹演練情緒管理方法

　　擬訂安全計畫與非暴力承諾

【第二階段】

　　探索男性社會化過程與暴力

　　促進男性經驗的交流與相互支持

　　分享男性成長過程與暴力有關的經驗

　　如何由原生家庭學到暴力

　　溝通技術與同理心

　　處理衝突與協商

　　自我照顧

【第三階段】

　　發展自助式男性加害人團體

　　促進長期改變的承諾與行動

探索阻礙改變的因素

協助支持其他加害人尋求協助和改變

團體結束

三、高雄慈惠醫院認知輔導教育

高雄仁愛之家附設慈惠醫院之家庭暴力加害人處遇模式，在社工督導廖靜薇的規畫之下，於二○○一年七月實施至今。由於慈惠醫院為一專科醫院，行政與臨床部門彼此的協調合作良好，社工室團隊支持度高，專業自我提升動力強，並與高縣衛生局、社會局理念相近，因此得以順利運作。

團體特點如下（廖靜薇，2002）：

㈠師資群為院內年資三年以上之精神科五位年輕女性社工師。

㈡以十八週為一循環，課程依社工師專業能力與興趣來分配，會前會後皆有工作討論。十八週內含四次個別會談。

㈢付費方式採用縣府補助款及案主自費兩種類別。

㈣上課地點在院內會議室。

㈤由於專業分工，可由醫療和非醫療角度提供個別化服務，亦便於追蹤掌握案主處遇計畫的參與情形。

㈥對內對外皆有單一窗口。對外聯繫協調為社工督導；對內為社工個管師，流程統一、清楚、系統化（見圖四）。

㈦課程內容主要以《家庭暴力者輔導手冊》（林明傑等譯，2000）為藍本，見表二之處遇計畫課程表。主要方向為：中止暴

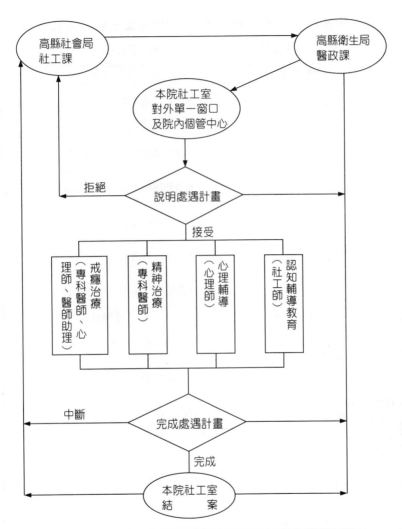

圖四　財團法人私立高雄仁愛之家附設慈惠醫院
　　　家庭暴力加害人處遇計畫模式

（曾麗英，2002）

表二 財團法人私立高雄仁愛之家附設慈惠醫院處遇課程表

91/10-92/02 家庭暴力加害人認知教育十八週處遇計畫課程表

週次／日期	主題
(1) 91/10/03 (四) 1:30-15:30PM	認識家庭暴力防治法！
91/10/7-12	個別評估
(2) 91/10/17 (四) 1:30-15:30PM	什麼是團體？學習與穩定自己
(3) 91/10/24 (四) 1:30-15:30PM	酒精和藥物在暴力中所扮演的角色
(4) 91/10/31 (四) 1:30-15:30PM	男人的性別養成（上）
(5) 91/11/07 (四) 1:30-15:30PM	男人的性別養成（下）
(6) 91/11/14 (四) 1:30-15:30PM	什麼是家庭暴力？暴力循環
91/11/18-23	個別會談
(8) 91/11/28 (四) 1:30-15:30PM	了解我的過度執著
(9) 91/12/05 (四) 1:30-15:30PM	了解我的憤怒
(10) 91/12/12 (四) 1:30-15:30PM	我的感覺
(11) 91/12/19 (四) 1:30-15:30PM	自我肯定
(12) 91/12/26 (四) 1:30-15:30PM	控制與平等（上）
(13) 92/01/02 (四) 1:30-15:30PM	控制與平等（下）
92/01/6-11	個別會談
(14) 92/01/16 (四) 1:30-15:30PM	社會孤立

⒂ 92/01/23 ㈣ 　 1:30-15:30PM	保持形象與過度掩飾
⒃ 92/01/30 ㈣ 　 1:30-15:30PM	原生家庭
⒄ 92/01/30 ㈣ 　 1:30-15:30PM	你的子女
⒅ 92/01/13 ㈣ 　 1:30-15:30PM	自我放鬆
92/02/17-22 ㈣	**個別評估**

（曾麗英，2002）

力行為、增強情緒覺察、探索社會文化對自己性別觀念的影響、增強夫妻、親子間親密關係的經營能力（曾麗英，2002）。

　　㈧以團隊合作為主要工作方式。精神醫療社工、臨床與行政人員，和社會局、衛生局保持密切良好的合作關係。見下圖：

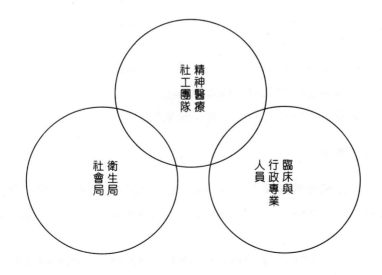

（九）負責的社工師和督導積極參與研習、觀摩其他各處遇模式的進行，並不斷整理本土經驗和自我挑戰。未來更計畫發展適用的評估工具和強化認知行為療法、團體領導技巧等專業能力。

四、以溝通分析學派（TA）為取向的團體治療模式

民國九十年間中華溝通分析協會接受內政部家庭暴力暨性侵害防治委員會的委託，承辦加害人處遇方案的設計與研究（**註一**），且推動此計畫訓練加害人處遇工作者的專業智能。

在這個 TA 治療模式的加害人處遇方案中，整合了女性主義與認知行為模式的古典溝通分析，並具精神動力取向的再決定學派。因此兼具社會控制模式及精神動力回溯模式的內涵。其方案設計如下：

治療信念為：
◆ 暴力是犯罪行為。
◆ 施暴者應對暴行負責，配偶不必為此暴力負責。
◆ 施暴者的行為是可以改變的。
◆ 暴力行為是在原生家庭所學來的。

此團體的進行可分為三個階段：

（一）**接觸合約階段**：共為四次。目標放在建立關係、設定團體規範、建立動機、形成團體凝聚力，培養照顧的氣氛，並進行暴

註一： 取自「家庭暴力加害人輔導治療方案規劃研究成果報告」，2001，中華溝通分析協會。

基礎篇

力評估。

㈡**社會控制階段**：期間為二十四週至三十六週。目標放在以社會控制力量來控制暴力行為，因此重點強調個人的力量和責任。

內容則包含：

◆ 協助成員了解來自父母與兒童狀態的內容對他的影響。

◆ 協助成員了解他所使用的心理遊戲。

◆ 協助成員了解他有力量做出改變。

◆ 找出終止暴力行為與態度的方法，並為新行為訂合約。

◆ 討論與分享成員所提的主題。

㈢**個人治療階段**：期間為二十四週。目標在激勵深層改變，重心則為回溯成員的成長史。成員在此階段所分享的主題可能與童年時期在家庭中的創傷有關，包括肢體虐待或性虐待等。

臺北市立療養院針對家庭暴力加害人進行以溝通學派為取向，結合個別與團體方式的處遇（郭豐榮，2002），進行過程主要分為三個階段：

第一階段：目的在於提供成員足夠的資訊，協助處理目前的難題。與案主的兒童部分接觸，以激發改變的動機。

第一次活動：自我介紹與家庭暴力簡介。

第二次活動：影片：「36巷5號4樓」，談男人肩上的壓力及處理壓力的方法。

第三次活動：憤怒的自我評量與暫時迴避法。

第四次活動：影片：「100公分的世界」，談家庭暴力對孩

子的影響及個人成長經驗。

第五次活動：心理地位的介紹。

第六次活動：訂合約。

第二階段：為半開放式團體形式，治療者視成員合約內容進入主題，並引導團體進入過程，檢視團體溝通中發生的漠視和進行遊戲等。

一在此階段團體常出現的主題為：

◆ 憤怒的管理與控制。

◆ 暴力的合理性。

◆ 暫時離開法。

◆ 丟臉與男子氣概。

◆ 維持或放棄婚姻。

◆ 酒癮。

第三章

婚姻暴力加害人處遇的理論基礎

理論簡介

　　上一章所討論的臺灣現行已實施的四個婚姻暴力加害人團體處遇，各有其不同的焦點、課程內容，與團體特色。團體進行的過程與架構、團體動力的發展、團體處遇是否能有效防止暴力，則與領導者對暴力本質的觀點和專業理念有密不可分的關聯。

　　有的治療師著重在修補婚姻關係，因此將暴力視為二人互動失功能的結果，系統取向的專業人員多持此觀點。有些治療師在

　　進行暴力加害人工作時，會將焦點放在加害人童年的發展，及內在心理創傷和衝突，例如心理動力取向治療。還有些治療師則重視加害人的憤怒管理、壓力紓解、溝通技巧之訓練，而以認知行為治療取向為代表。

　　這些不同的處遇計畫背後皆有其所持的理論基礎。在探究發展各種加害人處遇方案時，我們會感到某些理論中存在的矛盾與衝突。如果治療師自己對暴力無法有統整一致的看法，會暴露出自己的矛盾和困惑，當然也就無法說服接受處遇的加害人可以如何面對暴力行為，他們的配偶又能如何處理。加害人常質疑為什麼要制訂家暴法？為什麼保護令要強制我接受處遇？為什麼我不能教訓她？為何我們要保障受害者安全？為什麼不是她來接受輔導？有關這些疑問，治療者都必須在針對婚姻暴力理念思索清楚後才能具體回答。

　　Adams（1988）將美國臨床心理衛生工作者所使用的加害人處遇工作模式分為五類：領悟模式、疏通模式、互動模式、認知行為和心理教育模式，及親女性主義模式，並由保護受害婦女的角度來討論這些模式的優缺。在此將這五類模式簡介如下：

一、領悟模式 （Insight Model）

　　領悟模式是處理暴力議題最傳統的心理治療模式，雖然採取領悟模式的治療師彼此間仍有差異性存在，但基本上都主張暴力行為是個人內在心理問題（intrapsychic problems）所造成的，例如衝動控制差、挫折容忍度低、害怕親密、害怕被遺棄、依賴性格、潛在憂鬱症、因創傷而受損的自我強度等。

　　這種領悟模式或動力取向的治療方式都主張，毆妻者因為受損的自我功能（例如不良自我概念、情緒依賴），使得他對於真實或想像的威脅以暴力的方式過度反應。這種受損的自我功能和情緒障礙是早期發展中的創傷或衝突所造成的結果，例如被父母拒絕或忽視、對母親的愛恨糾結、對父親的恐懼、封閉孤立等。所以領悟模式的治療會嘗試讓施暴者探索他如何受到過去經驗的影響，解決過去的傷害和內在衝突，以發展內省的能力。並且改善他對自己的感受，而不必再去傷害他人。

　　女性主義對領悟模式或動力取向心理治療的評論，目的不在否定領悟是改變歷程的重要契機，而是質疑強調心理動力的領悟模式在臨床實務中對虐待與暴力行為的闡釋是否適當：

　　㈠許多動力取向治療師分析毆妻者之所以會使用暴力，是因為他在情緒上感到不安全和衝動，但 Gelles（1973）卻指出，這是臨床工作者將對暴力行為的**描述**誤植為暴力行為原因的**解釋**。雖然在毆妻者身上常會看到低自我價值、情緒依賴、害怕親密、不安全感的現象，但也只能用來呈現施暴者在情緒面的狀態，而無法解釋為暴力的成因。事實上，許多沒有安全感、情緒依賴、害怕親密的男性並**不會**對自己的妻子施暴。

　　㈡由於領悟模式的治療師過於強調毆妻行為的內在心理因素，因而無法辨識暴力和控制行為的本質、目的和效用。毆妻者的暴力會造成受害者的恐懼、自責、順從，使得他能得到權力與掌控，這才是產生暴力的基本原因。

　　㈢領悟模式的治療師將治療重點放在毆妻者的不安全感、依

賴、小時候未滿足的需要，且解釋這些心理困擾是造成暴力的主因。但直接在治療中處理這些問題，卻不能真正阻止暴力的發生。尤其以不安全感為治療焦點時，是無法解決暴力問題的。又因為毆妻者的暴力常使妻子想要離開或保持距離，促使毆妻者更加感覺不安全，最後反而無法真正解決此議題。

㈣由於領悟模式治療師認為案主內在都是脆弱和受傷的，所以治療師應盡可能的支持、鼓勵和接納，才能使施虐者放下防衛和做出改變。但過度支持和同理，有時反而會促使施暴者為自己的暴力找到更多藉口，且將責任投射至配偶身上。所以在治療中不去挑戰施暴理由，亦不面對暴力議題，極可能暗藏了治療者的共謀和迴避。

二、疏通模式（Ventilation Model）

在美國六〇年代，許多受歡迎的心理學家主張被壓抑的憤怒是造成嚴重心理問題，如憂鬱症、性無能、暴力等困擾的原因。當時完形治療、心理劇、會心團體等新興學派皆鼓勵社會大眾應該學習一種直接表達感受的溝通策略，尤其為了要能克服情緒壓抑和溝通障礙，更應疏通和表達憤怒的能量。這樣才能避免敵意和攻擊性的能量在身體內累積，而產生身體和情緒的症狀。

採取疏通模式的治療師在與毆妻者和被毆者會談時，除了鼓勵雙方能對彼此坦白說出感受，還會教導如何「公平爭戰」（fight fairly）的溝通技巧。有時治療師也會請案主對著模擬的對象攻擊，以抒發潛藏已久的敵意，如打枕頭、雙方用泡棉互打等。

Adams 並不認同疏通模式中以語言或肢體動作宣洩憤怒情緒

即能終止毆妻者暴力的論點，並引用一些研究來反駁疏通模式的治療理念：

　　㈠許多研究者（如 Berkowitz, 1973; Straus, 1974 及其他）指出，使用語言攻擊來取代身體攻擊，不但不可能降低暴力的發生，反而會產生更大的怨恨和報復的傾向。「公平爭戰」的溝通方式雖然宣洩了敵對的感受，卻反而提供案主矛盾的訊息，以為暴力行為是可以被接受的。

　　㈡採用疏通模式來處理毆妻者的暴力，嚴重誤導男性對情緒成熟與成長的定義，以為只要宣洩情緒就是健康和成熟的指標，卻忽略在親密關係中關懷、責任和承諾的要素。這樣不但強化了男性性別歧視和自我中心的態度，還迴避了暴力的議題與責任。

三、互動模式（Interaction Model）

　　互動模式與疏通模式相似之處，是二者都會同時處理施暴者與受暴者之間的溝通方式、衝突解決、暴力問題。夫妻有時會一起出席治療或與其他的暴力夫妻參與特定的團體諮商。但互動取向的治療師並不採用宣洩憤怒來處理暴力。

　　由於互動論的觀點視暴力為夫妻雙方溝通不良和互相壓迫所造成的結果，且以非線性循環式的因果關係來解釋暴力的成因，所以夫妻雙方必須同時進行會談和治療。治療師則會指明雙方失功能的互動模式，夫妻二人亦在治療中了解在循環的婚姻問題中自己參與和貢獻的部分。例如先生會使用暴力，是因為太太堅持要外出工作，使得家庭生活引起巨大變動，先生屢勸不聽因而惱

羞成怒毆打太太。所以由互動論的角度來看，雙方都對暴力的結果有某種程度的「貢獻」，而非單方面的責任。因此互動取向的治療師會避免使用「施暴者」和「受害者」這樣的名詞，而採取較中性化的字眼，如「家庭暴力的夫妻」等。

女性主義對互動模式的質疑是：

㈠採取互動模式或家庭系統理論的治療師將暴力的責任平均分配於夫妻雙方。採用夫妻聯合會談的形式亦對施暴者傳達了矛盾和模糊的訊息：他不必為暴力負責，因為夫妻共同努力就能控制和避免暴力。甚至有些妻子並無任何暴力行為，但在夫妻諮商中卻要試著分擔暴力的責任，努力想辦法協助先生控制暴力和憤怒。這樣的處遇方式，不只犧牲婦女表達個人憤怒的權力，亦使毆妻者拒絕承擔採用非暴力方式表達憤怒的責任。

㈡互動模式治療師不但模糊了暴力與非暴力的分野，還暗示毆妻者的暴力是對妻子行為所產生的反應，意即妻子的行為誘發他產生暴力。這種將自己暴力行為的原因投射於配偶身上的現象，是臨床上常見的防衛和阻抗。而這種責難受害者的態度亦常在治療情境中被治療師所支持，其中所隱含的是治療師與加害者形成的共犯結構和對受害者的再度傷害。

㈢除了在夫妻聯合會談中模糊了暴力的責任外，夫妻諮商還會使被毆妻子處於一種危險情境中。因為她在治療中被要求要誠實開放的表達自己的情緒、失落、悲傷，還要說明先生的暴力事件。這樣做的結果，卻使她在治療後可能再遭遇另一次暴力攻擊的危險。許多被毆婦女也表示在家庭治療後常跟著而來的是暴力

事件的重演，因此她們無法在治療中明確的說明自己的感受和擔心，這種現象卻被婚姻諮商師解讀為不合作、不開放、沒有誠意改變。

㈣互動取向的治療師認為改善夫妻間不良互動模式即可改善婚姻關係。然而暴力會造成夫妻雙方的恐懼和不信任，影響彼此的關係和溝通。被毆婦女往往因對暴力的恐懼而無法直接傳達自己的希望和想法。毆妻者雖因為暴力暫時可得到妻子的順從，但也擔憂氣憤妻子的獨立自主，而更加費力去掌控她。所以只要暴力在婚姻關係中不能停止，就無法在夫妻之間產生信任和真誠開放的溝通。所以互動模式治療師的矛盾在於，雖竭盡所能的協助婚暴夫妻改善互動模式和婚姻關係，但這個目標卻在暴力的阻擋下成為不可能達成的任務。

四、認知行為和心理教育模式（Cognitive-Behavioral and Psychoeducational Model）

與前面三種模式不同的是，認知行為模式在處理毆妻問題時會將暴力列為治療的首要焦點，並且將暴力視為對婚姻關係有決定性影響的議題。毆妻者會與受暴妻子分別進行處遇，或加入某特定團體，使得毆妻者能專注在自己的暴力行為上。

根據認知行為模式的理念，暴力是學習而來的行為，所以可藉再學習而終止此行為。治療師會協助施暴者指認暴力造成的負面影響，和教導取代暴力的新行為。由於暴力亦被視為缺乏社交技巧的結果，所以此模式也會加入人際關係技巧的訓練，例如自我肯定技巧，來協助施暴者肯定溫和的拒絕他人，並能直接向妻

子尋求幫助，表明情感，而不會再以攻擊、敵意的方式來達到目的。

除此之外，在認知行為的心理教育模式中，特別強調培養自我觀察能力的重要性，即在與他人互動過程中，有能力覺察自己內在、外在的變化。毆妻者可藉助日誌和紀錄來寫下自己在壓力情境時的想法、感受、生理反應，並因此找到與暴力之關聯。由於大多數男性的暴力都是由非理性、激發憤怒的「內在自我對話」（"self-talk"）所引動的，所以這些非理性和僵化的思考模式必須經過指認、挑戰和修正，毆妻者才能在衝突情境中發展出較有彈性和正向的解決方法，來取代暴力行為。

這種心理教育的治療模式，除了在教導社會技巧的內容和方式上，會因不同的處遇工作者而有所差異外，在毆妻暴力的議題上是否將虐待視為權力與控制、是否會面質案主的性別歧視態度的程度也會有所不同。

Adams由女性主義的觀點認為，認知行為心理教育模式有下列幾項限制：

㈠這類心理教育處遇方案認為毆妻暴力是因缺乏社會技巧和壓力管理無效所致，所以他們會在諮商團體中著重憤怒處理、衝突解決技巧、壓力管理和放鬆技巧。主要的目標則在協助案主能駕馭憤怒，因應自己的壓力，並且改善與配偶的溝通。因此在這樣的諮商過程中，權力與控制的議題就被消音或否認。除非性別議題能搬上枱面，否則我們無法說明為什麼被毆者大多數為女性，亦無法解釋為什麼許多男性雖缺乏人際溝通技巧和壓力紓解

方法卻不會毆打自己的妻子。

　　㈡有些研究也顯示，男性其實並不是缺乏處理壓力和憤怒的方法，也不是不懂得如何與人溝通才毆妻，而是會因情境、性別、階層表現出不同的因應行為。毆妻男性在與警察、老板、鄰居、同事、朋友相處時，是有能力表現肯定、和善態度的。所以很可能他們選擇不去發揮這些技巧和能力在自己配偶身上，而是經過對利害關係、權力關係的評估所做出的選擇性行為。

　　㈢教育和訓練毆妻者社交技巧雖不能終止暴力，但長遠來看，防治暴力的處遇計畫仍須包含這些內容。但如果處遇工作者無法適當的統整婚姻暴力的社會、文化、政治因素，單靠認知行為療法則無法發揮其功效。

五、親女性主義模式（Profeminist Model）

　　權利與控制是親女性主義加害人處遇的理念核心，即毆妻行為基本上使毆妻者與被毆者之間不平等的權力關係得以維持。因此治療的介入方式著重在挑戰毆妻者藉由身體暴力、語言和非語言的威脅，和心理虐待來掌控妻子的意圖。所以親女性主義者對暴力的定義較前述幾種模式更加廣泛，舉凡要受害者去做她不想做的事，阻撓她去做她想做的事，或使她感到害怕的舉動都屬暴力行為。

　　雖然親女性主義與心理教育模式一樣，會對毆妻者提供溝通技巧與改善婚姻關係的方法，但親女性主義模式亦會以挑戰毆妻者之性別歧視態度、終止控制行為做為處遇的重點，所以在治療初期即聚焦在辨認和消弭暴力、控制行為的主題上，在接下來的

治療中即處理性別不平等的期待與態度。

　　許多親女性主義的毆妻者諮商團體，在團體一開始即以保障被毆婦女的人身安全為目標，因此成員必須先完成「安全計畫」以阻絕暴力再犯。安全計畫的內容包含尊重妻子的恐懼和界限，戒除酒癮藥癮，終止對妻子的控制與暴力。同時婦女團體或毆妻者處遇團體的主責機構也會與毆妻者的配偶聯繫，提供她們必要的法律資訊和社會資源，支持她們不必為毆妻者的暴力負責，並確保她們個人和子女的人身安全。

　　在處遇過程中，緊跟著安全計畫的內容是協助毆妻者辨認自己的否認機制，例如將過錯歸咎於妻子、淡化暴力行為及其影響、以情緒失控為暴力理由、以酒藥癮為藉口，或將內在外在壓力解讀為暴力成因等。在美國 EMERGE 方案中，成員會被要求列出自己規避暴力責任的理由，並經由面質和辯證來達到為暴力負責的目的。另一重要的技術則是請成員把自己的控制行為記錄下來，例如使用勾選的問卷表格，來檢查自己的暴力與控制行為；Duluth方案中則利用影片提升毆妻者對自己暴力行為的敏感度。這些處遇方法，不止是要促進案主對暴力與控制模式的責信（accountability）程度，還要讓案主更能意識到個人意圖和行為結果之間的矛盾。

　　一旦毆妻者可指認自己的暴力和控制行為，就可引導他去檢視自己對待妻子的態度、期望。底下所包含的內在意圖，經常是想要貶抑妻子而非了解她們。親女性主義的治療師一旦發現在諮商團體中出現這種貶抑態度，會主動積極的介入，並提供其他較正向的思維模式給毆妻者來解讀妻子的言語和行動，而非以暴力

打壓她們。同時也要使毆妻者看到他雖想與妻子親近，但否定、輕視妻子的意圖，反而遭致反效果。

毆妻者的行為改變必須經過一定的歷程，如果他能真正接受自己其實不能控制妻子，且由內在產生動力去檢視自己歧視女性的態度和控制行為，改變才可能發生。然而如果我們相信單靠諮商就能終止暴力，則只是一廂情願的看法。唯有配合法律制裁和警政介入的加害人處遇，才能真正發揮終止暴力的效用，所以在美國的 Duluth、Seattle、Denver、San Francisco 和 Atlanta 等城市都在犯罪司法系統中明訂強制性的處遇方案政策。使得婚暴加害人在這種完善防治系統中得到高品質的協助。

以上為 Adams 對美國加害人處遇方案所做的分類。國內則有林明傑（2001）針對美國幾個重要處遇模式的理念與作法做摘要介紹，如 the Duluth Model（Minnesota）、EMERGE（Massachusetts）、AMEND（Colorado）、The Third Path、Compassion Workshop 等方案。

本書方案所採取的理論

本書後部——**實務篇**所設計的方案架構與內容，係參考美國 the Duluth Model、EMERGE、Men Stopping Violence（Atlanta）等方案，並綜合筆者過去所受家族治療訓練的理念發展而成。雖然大部分活動是由美國引進，但已修正為國人較能接受的內容，

其中更有許多活動已在其他團體中實施多次。

女性主義理念

　　由女性主義觀念可知，婚姻暴力是一個非常複雜的現象，因為它交織著加害者與被害者雙方的人格、權力、恐懼、渴望、情緒、和背景。除非我們以性別政治角度來檢視婚姻暴力，否則無法真正了解婚姻暴力的本質。而婚姻暴力防治的法令與制度的建立只是解構性別權力不平等的方式之一，之後專業人員的性別意識才是影響防治工作成效的主要關鍵（潘淑滿，2003）。處遇工作者是否能體認暴力動力中社會、文化、教育、政治的背景因素，則決定了處遇未來的方向、內容和效能。

　　女性主義者主張男性和女性在社會化的過程中學習到性別角色的合宜行為，使男性認定女性的附屬屈從地位、照顧溫暖的特質、犧牲奉獻的精神都是理所當然的。否則男性就有權力「教訓」女性以達到控制的目的。因此加害人處遇是一個「再社會化」（resocialization）與「再教育」（reeducation）的歷程。在處遇團體中，加害人需要清楚指認自己各種暴力行為，以及它們與婚姻中權力、控制的關係。團體中每位成員會有機會表達自己對親密關係的期待，並探討暴力對此關係、配偶、子女的負面影響。在初期階段，每位加害人完成個人安全計畫以為暴力負責並承諾改變暴力行為，是極其重要的目標。

　　為了要讓加害人能真正具有責信的態度，每位成員都必須在自己的安全計畫中明列取代暴力行為的各項選擇，例如暫時迴避、深呼吸、運動、溝通等。並思考與配偶的關係是否願意由控

制和權力轉化至平等和尊重。然而選擇權完全在當事人手中，他也必須承擔任何一個選擇的後果。

　　男性社會化的過程其實是暴力養成的過程。男性為了符合性別角色的期待，而不被允許表達情緒感受，卻常以暴力做為最直接的表現。所以每位成員可藉此機會回顧自己的暴力經驗，探索自己男性化氣質的發展、嫉妒與暴力的關係，並學習為自己的情緒負責。本書**實務篇中第一階段：確認暴力行為及其影響和第二階段（活動四：暴力屋與安全屋、活動七：我是一隻噴火龍——男性的情緒與表達、活動八：打破暴力的循環、活動九：負責與防衛、活動十：擬定安全計畫）**的活動即以此理念為基礎，提供施暴者安全支持的環境來探索自己的暴力行為及其影響，並學習擬定安全計畫來發展非暴力的生活方式。

認知行為理念

　　應用認知行為的治療觀點，協助加害人覺察在憤怒狀況時的身體、情緒、認知、行為的各種線索，尤其當加害人處在盛怒下的「地雷區」時，內在有哪些負面的自我對話使加害人施行暴力。這些內在自我對話常常是由社會和家庭所學習而來對女性的貶抑和歧視。只要加害人願意，這些內在對話是可掌控和改變的。

　　除此之外，每位成員還要學習經營正向關係的技巧，例如同理心、表達感受與想法、尊重的溝通、付出與接受之間的平衡、解決衝突、修補親子關係等方法。**實務篇中第二階段（活動五：轉換內在自我對話、活動六：暫時迴避、活動八：打破暴力循環、活動十：擬定安全計畫）與第三階段：建立平等尊重的親密**

關係即以認知行為理念為基礎的活動內容。目的在於促進案主對情緒、行為、認知、生理各方面增進更多的自我覺察與自我駕馭，進而產生自我負責的能力。

家庭動力理論

根據家族治療師Satir的治療信念來看（Satir, Banmen, Gerber, & Gomori, 1991），人人都有向善和改變的動力。家庭不但影響一個人的成長，還塑造了個體的性格（Satir, 1994）。每個人會由他的家庭中學到如何與人相處、如何處理情緒、如何成為男人或女人、如何經營親密關係。加害人經常出現的不安全感、嫉妒感是如何由原生家庭學來的？加害人是如何由家庭學到使用暴力來解決問題的？是否可使用暴力以外的方式去經驗這些感受？他內在又有哪些力量和資源可以達成這項目標？

在團體的後期，每位成員可練習畫出自己與父母和祖父母之間的三代暴力史，由此找到個人與原生家庭暴力和虐待的關聯。以了解三代之中暴力的主題如何代代傳承，案主是否還要再傳遞給下一代。再藉助對暴力經驗的回顧與分享，協助案主充分反省自己如何由家庭和成長過程中內化了暴力的訊息和行為模式。

除此之外，Satir模式中所使用的一個重要工具，是利用冰山的隱喻來探索人的內在歷程。許多加害人的憤怒情緒是來自內在未滿足，且不實際、不尊重被害者人權的期待。這些期待與加害人認為男性應掌控女性，女性應臣服和滿足男性的觀點有關。但如果進入到冰山最深的層次，會發現當加害人這些期待不被滿足，而產生低自我價值時，即選擇使用暴力（Rotter & Houston,

1999）。所以如果處遇工作者可以有機會協助成員去探索加害人內在冰山的每個層次，去看看這些對配偶的期待是如何由原生家庭學來，這些期待又如何影響他的暴力行為與自我，再由此立足點鼓勵加害人為自己找到一些自我照顧的方法，以打破孤立，轉移對配偶的控制與依賴，但仍能顧及到內在最深的渴望。這樣的歷程可使加害人產生自我深層的轉化與改變。在本書**實務篇**中**第四階段：探索原生家庭與暴力之關係**的活動內容即以上述理念為基礎。

目前發展趨勢和主流：整合式的工作模式

以上簡明描述三類理論基礎，重要的是領導者須催化每位成員認識暴力、檢視暴力、改變暴力行為和為自己的暴力負責，受害者的安全才是處遇的最終目標。雖然有人批評女性主義立場陳義過高、太意識形態導向、面質態度過於強硬容易引發加害人的敵意和抗拒；認知行為學派將焦點放在個人內在的情緒管理方法而失去文化社會的巨觀視野；家庭動力的理論缺點則在過於重視溝通和解決衝突，卻忽略了暴力的責任歸屬和受害者的安危。這些批評提供處遇工作者很好的提醒——如何保有清楚堅定的立場，但仍能引起加害人的共鳴和實質上的改變，是處遇工作者在累積經驗的過程中需要不斷深刻反省和檢視的。

美國司法部（U. S. Department of Justice）曾對全美各地超過廿二個加害人處遇所做的研究中訪談了六十多位司法人員、加害人處遇者、受暴婦女工作者、學者，及由文獻探討中得到的結論是：近廿年來加害人處遇已朝向整合式多重向度的模式為發展趨

勢。現在我們已鮮少看到以單一學派為主軸的處遇,多數處遇皆包含了社會文化(女性主義觀點)、家庭關係(溝通與親密)、個人問題(情緒管理)三方面內容的折衷派團體處遇模式(Healey et al., 1998)。所以本書**實務篇**內容亦融合三方面重要精神內涵發展而成。由於家庭暴力是一個複雜的現象,所以折衷式的加害人處遇較可能涵蓋這些複雜的因素。每個理論亦皆有其長處和缺陷,但若能統整起來即能截長補短,以達到最好的效果。

婚姻治療或婚姻諮商是否可行?

婚姻暴力的家庭和夫妻是否適用家族、婚姻治療?這個議題向來倍受爭議。持反對意見的學者多半認為不但不能終止暴力,還會使受暴一方陷於更大的人身危險之中。

早在八〇年代中期,家族治療師Bograd(1984)即由專業倫理的角度指出婚姻諮商不但不適當,且對受暴婦女有危害的三項理由:

◆許多受暴婦女害怕施暴先生的報復而不願參與婚姻諮商,因為如果她在夫妻會談中違抗先生或提出敏感話題,就易再度遭受攻擊。

◆為婚姻暴力夫妻進行諮商,即意含受暴婦女應為先生的暴力分擔責任,使得加害人更易否認自己的暴行,並責難受暴配偶造成暴力。

◆法庭可以有權威裁定施暴一方強制處遇，但不應裁定受暴
　一方接受諮商，因受暴者並未違法。

　　因此女性主義治療師堅持有暴力的夫妻應各別接受處遇，讓
受暴的妻子在個別治療中得到力量，並決定是否離開暴力的婚
姻；施暴的丈夫則參加特定的暴力處遇團體來改變暴力行為（Gon-
dolf, 1993）。所以在美國大多數婚姻暴力加害人處遇皆為心理教
育導向，以男性加害人為成員，並以團體形式進行，而不採用婚
姻治療為趨勢。這樣的模式早已成為全美法院強制處遇的主要原
則（Gondolf, 1993）。美國亦有二十五州明令規定不以婚姻諮商
做為婚暴夫妻初期的處遇模式，必須在施暴者完成認知教育團體
後，六個月至一年都未再施暴，才可考慮（Austin and Dankwort,
1998）。例如德州政府家庭暴力司法部和議會、密西根州政府加
害人處遇準則，規定婚姻諮商、家庭治療、離婚調解皆不適用於
婚暴夫妻。意即將毆妻者與受暴者放在一起做治療，不但無助益
反而造成傷害，理由如下：

　　㈠這類聯合治療會強化施暴者逃避暴力責任，並顯示對受暴
者責難的態度。
　　㈡可能會繼續支持加害者暴力行為的正當性，並且因為受害
者表露心聲，讓加害者更會施行暴力。
　　㈢會低估家庭成員之間權力的不平衡現象，並陷受害者於更
不利的地位。

　　有些學者則主張，如果一定要進行婚姻諮商，最好在加害者

已完整參與認知教育課程，並且在最少六個月以上無暴力行為才可進行（Gondolf, 1993）。另有些治療師則認為應在施暴者停止暴力兩年後才適宜進行婚姻諮商（Bancroft, 2002）。

反觀國內，部分司法人員、法官、心理諮商專家，對婚姻暴力的性別權力關係、暴力的本質、暴力責任歸屬、受害者的創傷反應尚未深入了解，即貿然進行婚姻暴力夫妻的婚姻諮商。可以想像這樣粗糙草率的嘗試，不但無法終止婚姻暴力，亦不能改善婚姻中的親密關係，還會使受虐婦女陷入更大的暴力威脅與恐懼中。

臺北地方法院家事法庭法官彭南元（2002）於民國八十九年開始積極著手建構家事案件相關之心理諮商服務制度，並於民國九十年間與國立師範大學教授鄔佩麗「建教合作」，以該校研究生及校友成立心理諮商員群，負責家庭暴力及性侵害案件之心理諮詢事宜。雖然本制度歸類為心理諮詢（consultation）而非諮商（counseling）的性質，但實際上此制度的諮詢人員、過程、內容、關係、技巧等，皆已屬諮商範疇且暴露了以下問題（**註二**）：

◆婚姻諮商的目的是要克服溝通的障礙，解決雙方在婚姻中的衝突，建立良好親密關係等。這些目標在暴力夫妻中皆不可能達成。因為加害人不能尊重受暴一方，雙方權力位置相差懸殊，彼此即不可能有良好溝通。受害者亦不可能在暴力關係中有足夠

註二：　彭南元法官已針對這些問題表達意見。請見：家事法庭對「家庭暴力事件」提供心理諮詢服務之剖析。司法改革雜誌，2003 年 8 月，46 期，53-55 頁。http://www.jrf.org.tw

的安全感去處理較深層的動力問題。就算在婚姻諮商中可暫時增進親密感，回去後可能反而會受到更大的傷害（Bancroft, 2002）。因此婚姻諮詢、婚姻諮商、家事調解必須在雙方同意且權力關係較為平等的狀況下才有可能實施。美國更有廿五州明令規定不可對有婚姻暴力的夫妻進行婚姻諮商，而必須讓施暴者完成暴力認知教育課程，且在六個月至一年間不再犯行（Austin and Dankwort, 1998）。

◆婚姻諮商對受暴婦女直接、間接傳遞出的訊息是：妳有問題，如果妳改變自己，他就會改善。但事實是，婚姻暴力和虐待並非因婚姻關係品質不良所引發的，所以受暴婦女不會因改變自己的行為即能終止施暴者的暴力。對受暴婦女的責難態度在此則顯露無疑。

◆雖然有婚姻暴力的夫妻接受婚姻諮詢時曾被徵詢雙方之意願，但因受害者多為女性，懾於法官和專家之權威而無法拒絕，且擔心拒絕法官之安排恐遭不利自己的判決，亦擔心說出真話後諮詢專家會針對夫妻會談的過程做出對自己不利的負面評估。因此有婚暴的夫妻在接受婚姻協談時，婚姻中所存在的不平等權力關係，也充分複製在受害婦女與法官和諮詢專家的關係中。

◆申請保護令之受暴者，尤其應在配偶有虐待和暴力事實時，按家暴法之規定，在最短的時間內核發保護令，以發揮立即保護被害人之效果，而不須命令當事人接受婚姻諮詢或調解。法官在核發保護令的過程中宜儘量迅速，在證據上的認定不宜過嚴，應較一般訴訟案件寬鬆，並強力要求加害者進行認知教育處遇。如此才能符合家暴法迅速、充分保護受暴婦女的立法原意。

◆婚姻諮商或諮詢，在美國和加拿大司法系統中已被強烈反對做為婚暴夫妻的初期處遇。對於離婚中的夫妻更被司法機關所禁止採用（Carbon, 2002）。而在台北地方法院家事法庭所實施的心理諮詢服務，包含仍在婚姻中和離婚的受暴婦女。

◆根據研究，參與婚姻諮詢的夫妻中，施暴的先生再犯率為100%（Tolman and Edelson, 1995）。而文中建議司法院宜從速推動立法，讓法官能在有法源依據之情況下，強制當事人接受心理諮詢服務，這對婚姻暴力中的受害婦女來說，是不合理和不人道的作法。受暴婦女如果因為法官和諮商專家本於其地位權力要求進行諮商，在深怕拒絕後會影響判決的陰影下，只得勉為其難的答應；在婚姻諮詢中又得被迫面對她所害怕、憤怒的、傷害她的對象。這個過程不啻為一種更大的心理凌遲和二度傷害。這樣的諮商關係亦嚴重違反諮商師的專業倫理，侵犯了當事人的自主權、免受傷害權和受益權（中國輔導學會諮商專業倫理守則，民90）。

◆在非暴力的婚姻諮商中，婚姻諮商師必須本著中立、客觀、同理的立場來進行會談。然而在有婚姻暴力的夫妻中，治療師不但無法保持中立客觀，還必須保有清楚肯定的立場——即中止暴力、保護受害者。否則諮商員明知暴力的存在與危險，卻不去面對亦不要求加害人為暴力負責，即如彭文所述：「藉助心理諮商員，本於尊重、中立、同理、陪伴、帶領、澄清，以及介入而不扭轉等原則……」。這些原則在無暴力違法事實的案主的諮商過程中極為適當，但用在婚暴的夫妻中，即顯示諮商員低估暴力的傷害和危險性，將使得受暴婦女陷入更痛苦的深淵中。

　　◆雖然彭文指出在此心理諮商服務制度中，所進行的心理諮詢「採取保密方式為之」，但事實上會談內容未經過當事人同意即透露給法官及其他非當事人之第三者，如審判長。此舉侵害諮商專業倫理中當事人之隱私權。如果在諮商之初，諮商者亦未充分告知當事人晤談的性質和目的、保密的程度、諮商者的角色、評估報告的內容和目的、會談過程會透露給非當事人知悉的部分與深度，則損害當事人之知後同意權（informed consent）。

　　由以上所討論的諸點，我們即可明白家庭暴力案件採心理諮詢服務有其特定的危險和問題，不但嚴重違反諮商師專業倫理，侵害當事人的受益權、自主權、免受傷害權、要求忠誠權、隱私權、公平待遇權等權利；亦影響法官審判的公正性和核發保護令之時效性。因此絕不會像彭文所述：「成效極其顯然，實值得進一步推行。」反而需要我們審慎評估檢討，各方相關專業人士更要加以嚴格監督。不容少數掌握資源權力人士，罔顧受害者權益，以受暴婦女為「嘗試及錯誤」下的犧牲品。這種司法與學術霸權聯合剝削暴力受害者，並從中獲益的情形（如發展研究計畫、進行訓練教學課程、開發諮商學生實務工作機會、降低訴訟率、促進當事人和解與協議等），使得婦女安全與正義的維護更是雪上加霜。

　　在此誠懇呼籲司法院及法界人士宜針對以上家暴案件司法處理程序予以重新檢討。家暴法實施至今已逾四年，應累積足夠案件及經驗，可供重新評估其利弊得失、案件處理人員的理念、保護令核發成效與速度、加害人認知輔導教育裁定與實施成果。以擬出對受暴者人身安全、防治家庭暴力更加完善的處理準則，並

訂定司法人員辦理家暴案件應行注意事項。

　　另外，諮商人員在近幾年來投入家暴事件的比例日益增高，許多諮商人員把家暴當事人當作專業挑戰、專業成長、學術成果的跳板。因而忽略在此過程中的專業倫理和當事人的安全與正義。所以諮商人員在進行受暴者諮商服務和施暴者處遇時，宜審慎評估暴力危險程度、尊重受暴者意願和感受，確實維護當事人權益。除此之外，推動反家庭暴力運動的婦女團體、受暴婦女權益倡導者，和諮商專業團體宜特別針對家暴案件，邀請具有性別意識、家暴動力理念的專業人士設立倫理委員會，接受當事人申訴，以有效處理違反諮商專業倫理守則、對受暴者造成二度傷害、缺乏性別敏感的家暴案件。

為什麼要進行婚姻諮商？

　　雖然以婚姻諮商做為婚姻暴力的初期處遇並不適當，但因為現實條件的限制，許多加害人並不見得能有機會加入婚暴加害人團體。而且通常未經法院強制處遇，婚暴加害人也很難主動加入這樣的認知教育課程。

　　所以當一個婚姻關係發生暴力，尚未進入司法系統的程序，加害人為了挽留婚姻，會因為配偶的強力要求來進行婚姻諮商。婚姻諮商或家族治療常是當事人所寄予希望的一條途徑。在實務經驗中，我們也會經常發現，縱使婚姻中存在嚴重的暴力，許多受害婦女基於下列理由仍然想留在婚姻中，並竭盡所能的努力改善婚姻關係：

◆擔心孩子在破碎家庭中長大，會造成身心發展和情緒方面的問題。

◆經濟問題和社會地位的考量，如果離開婚姻，獨自一人無法在經濟上支撐自己和小孩之生活、教育費用。離開先生亦可能失去原來之社經地位與頭銜，而須為此付出更大代價。

◆爭取小孩監護權的過程漫長艱辛，萬一勝算不大，恐怕會與小孩分離。

◆支持系統薄弱，由娘家及親友無法得到適當支援，甚至他們會阻撓勸說當事人不可離開婚姻。

◆不知道自己可以有離開的權利，也未意識自己可以有離開的選擇。如果真要離開，也不知要去哪裡。

◆對毆妻者和婚姻仍存在希望和情感，相信有一天對方會改善，能控制自己的脾氣，苦日子終究會結束。婚姻暴力只是偶發事件。

◆以為婚姻中有暴力是自己妻母的角色不夠完善，才會得到這樣的報應，所以要繼續努力使自己更好，暴力就會停止。

基於以上各種原因，許多受害婦女在離開婚姻之前都會邀請先生進行夫妻會談，做為最後的奮力一博。毆妻者這時如果配合妻子來參與婚姻諮商，常會有下列反應：

◆「婚姻暴力不是我一個人的問題，我們應該共同解決，一起改善。她也有錯。」

◆「去做婚姻諮商就能挽回婚姻，妻子就會滿意、安靜，不會再要求離婚，就配合一下吧！」

◆「我控制不了自己，所以動手，如果她能好好聽我的，我就不會打她。」

◆「我們溝通不良，婚姻諮商可幫忙我們改善溝通，減少衝突。」

◆「她會一起參加婚姻諮商，表示她也有錯。」

◆「一個巴掌拍不響，我會打她，當然不完全是我的問題。」

諮商師接收到這些訊息，就要謹慎評估探究暴力在協談夫妻中的嚴重性，並決定如何處理暴力議題、採用何種技術介入較有效、哪種處遇適合他們、諮商目標為何等問題。

家族與婚姻治療師易忽視暴力議題並責難受暴婦女

傳統的家族治療理論鮮少將家庭暴力以具體清楚的論述來說明。家族治療師在面臨家庭暴力時，常以一種「集體逃避」的態度來處理（Bograd, 1992）。即我們會有意無意的忽視暴力議題，不去面對，更不想親眼目睹男性暴力在親密關係中對女性造成的傷害。許多研究也顯示，大多數心理衛生助人者，包括醫護人員、精神醫療人員、酒藥癮諮商師、家族諮商師、社工人員等，在進行臨床評估與處遇時，會系統化的忽視家庭暴力的存在（Gondolf, 1993）。

家族治療的實施通常以一種重視隱私和保密的方式進行，並隔離與外界其他社會系統之間的聯結。治療焦點則放在個人內在（intrapsychic）、人際之間（interpersonal）或家庭系統的改變。因而忽視社會、文化、政治情境對女性在家庭中心理健康的負面

影響。例如，國內有研究者指出，父權社會文化所建構出來女性在家庭中的角色，易使女性傾向罹患憂慮症（胡幼慧，1991）。因為身處父權文化的氛圍與社會結構中，使女性較易陷入認知失調、身心違常、失去自我的困境（黃囇莉，2001）。又根據陳若璋（1992）在台灣地區的婚姻暴力研究中也指出，家庭中丈夫父權意識形態越強烈時，家庭暴力的可能性就越大、越危險。

　　這些研究顯示，婚姻與家族治療師不能再像以前一樣忽視家庭中權力不平等的現象、規避家庭暴力的議題，或以只強調心理病理的心理治療理論來處理婚姻與家庭議題，而不去正視大環境中社會文化對親密關係和女性身心健康的影響。心理衛生工作者要能以宏觀多元的角度去認識暴力，才能尋得適切的處遇方法，來落實無暴力的親密關係。

　　除此之外，家族婚姻治療師也常在治療過程中表現出責難受害者的態度。雖然許多證據顯示，加害者之所以會對配偶施以暴力，是因為他內在性別歧視的自我對話、自己創造的情緒激動狀態所造成的，與受害者的行為、人際形態、信念，或家庭歷史無關（Bograd, 1992）。然而，系統取向的治療師仍推斷婚姻暴力是雙方共同的責任，而且傾向將治療焦點放在夫妻雙方互動過程中，被毆者到底做了什麼行為促使毆妻者動手。由於家庭治療師常常相信家庭系統中所有的問題（包括家庭暴力）都是雙方共同維持和促成的，所以加害者的暴力行為是夫妻互動過程中失功能所產生的症狀。

　　女性主義家族治療師對此提出他們的憂慮：家族治療理論和實務在處理婚姻暴力時會陷受暴婦女於危險中而不自知（Bograd,

1988; Goldner, 1992; Hare-Mustin, 1978）。例如：

　　㈠治療師在婚姻治療過程中會責難受害者，而且替受害婦女貼上負面標籤，如被虐人格異常、依賴人格、歇斯底里、不成熟等。因此對受暴婦女又再施以治療上的暴力。

　　㈡治療師要求夫妻共同進行治療或以互動論、循環論來解釋暴力，認為受害者也應為暴力負責，是另一種更巧妙的對受害者的責難，而忽視社會文化結構對施暴者所賦予的權力與支持，於是治療師在此時刻與施暴者形成共謀關係。

　　而家暴法的實施，不僅大大衝擊家庭、婚姻治療師固有的專業理念，亦顛覆傳統心理治療的理論與實務。因為公權力可以積極介入私領域以有效防止家庭暴力，暴力被視為施暴者的犯罪行為。諮商專業者在暴力防制的網絡中扮演的角色在於維護受暴者的安全與正義，所以不能因為施暴者的暴力而責難受暴者。這樣的觀念變革對於保守、父權取向的諮商界和心理治療界的確是一項不可逃避的挑戰。

處遇理論與模式整合之可行性

　　由於婚姻暴力的各種理論之間不斷存在許多互相的競爭、批判與矛盾，Bograd（1992）特別在家族治療師面對家庭暴力時會產生的倫理衝突及各學派間的對抗矛盾提出討論和反省，並鼓勵各家爭鳴、互相對話，才能發展出更有效和統整的治療模式。Willbach（1989）指出，家族治療師在處理有暴力的家庭時，必須能判斷家族治療的限制，並在設定目標、選擇治療的模式與技術上有其重要的倫理考量：

　　㈠當治療師發現家庭中有暴力，治療目標則應優先放在終止暴力上。

　　㈡治療師與暴力家庭進行治療時不應採取中立、客觀的態度和技術。

　　㈢治療師須運用倫理判斷來確認個人的暴力責任。

　　㈣如果施暴者無法訂出終止暴力的契約，則不應使用家庭聯合會談。施暴者應先在個別或團體處遇中處理暴力議題，再進行聯合家族治療。

　　Walker（1995）則認為在實施婚姻治療前，必須確定施暴者已完成下列條件：㈠接受暴力責任，㈡停止壓迫和騷擾行為，㈢停止對配偶的強迫式行為和想法，㈣學會處理憤怒衝突技巧，㈤處理原生家庭重要議題，㈥學會性別角色社會化的新模式。因此

有暴力的夫妻如果想要改善彼此的關係，施暴者必須先完成特定的加害人處遇計畫，再進行家族治療。

雖然聯合家族治療（Satir, 1967）傳統上被視為處理家庭暴力的一種治療取向，而且有其一定的成效。但現在家族治療師多已逐漸重視聯合家族治療的危險與限制（Rotter and Houston, 1999）。許多治療師不但將暴力的焦點放在施暴者身上，並將家族治療與其他治療模式和理論相結合，以收到良好成效（Jorry et al., 1997）。

美國 Ackerman 家庭中心的家族治療師 V. Goldner（1998）進行一項長達十二年的性別暴力研究。她認為臨床工作者都應具備一種能力，去包容眾多互相矛盾的真理。所以她就婚姻暴力在臨床上的多樣性與複雜性，發展一套融合女性主義、系統理論、精神分析、行為治療、精神生理、文化觀點，和敘事性社會建構理論的統整模式，來進行有婚姻暴力的夫妻聯合會談。

在此婚姻治療的統整模式中，不論婚姻中的問題有多少，只要存在婚姻暴力，Goldner 會將暴力議題視為首要治療焦點，並謹守她所認為的道德原則：不責難受害者、確保受害者安全為夫妻會談的第一要務、不讓施暴者利用心理領悟成為逃避暴力責任的藉口。她採取系統理論中夫妻雙方對親密關係都共同參與和建構的觀點，但她不認為雙方對暴力和暴力的結果都承擔共同的責任。所以她採取諮詢與夫妻治療的合併工作模式，先在第一階段的諮詢（一至三次）中評估此對夫妻是否能進行婚姻治療，並且清楚傳達施暴者必須為暴力負責的訊息。施暴者通過此階段，才會進入婚姻治療的過程中。

　　國內則有馬偕醫院資深社工師陳韺（2001）採用婚姻治療與個別治療合併使用的婚暴複式療法。在婚姻治療初步評估中發現先生的暴力事實後，即轉介給心理師進行個別治療，內容包括暴力控制、情緒管理、重整童年親密關係經驗等。受暴女性則在個別晤談中進行暴力衝擊檢視、經驗整理、設定暴力底限、危險預測，和建構安全計畫等。在夫妻治療中，治療師則與夫妻雙方完成安全合同的設立、安全計畫的實施（de-escalation）、終止暴力的承諾、情感關係與互動模式的探索等。

　　此外，敘事治療大師 Michael White（註三）是一位當今非常有創意和令人尊敬的家族治療師，他非常相信聯合式的夫妻會談是處理暴力的有效形式，因為一方面可以挑戰加害者為暴力負責，另一方面也可協助受害者得到力量，重新改寫自己的故事。他所獨創的問題外化（externalizing）的觀念，使得案主不會把自己與問題畫上等號，而可以有空間和距離來看待問題如何影響他的生活、親密關係、和對自己的看法。當案主把問題置放於外在時，就不會因此而感到羞恥。然後 White 再鼓勵案主能找到一些獨特的結果（unique outcomes），由多重管道來發展出多樣的故事面貌。他使用這種敘事治療的架構來為毆妻者進行家族治療或

註三：　此處參考 Hansen, M. and Harway, M. (1993). Intervening with violent families: Directions for future generations of therapists. In M. Hansen and M. Harway (Eds.), Battering and family therapy (pp.218-227). Newburry Park, CA: Sage.

　　　　原出處為 White, M. (1988-1989, Summer). The externalizing of the problem and the reauthoring of lives and relationships. Dulwich Center Newsletter (pp.5-28).

婚姻治療。另一位敘事治療師 Jenkins（1997）則修正了 White 對毆妻者工作的方式，將敘事治療的理念與系統化社會文化的觀點結合。處遇模式的焦點則在邀請加害人為自己的暴力行為負起責任。在此之前並不貿然進行夫妻的聯合會談，而以個別會談為主，直至加害人能表明為暴力負責的態度，就可請加害人參與男性加害人團體或進行夫妻會談。縱使在夫妻會談中，治療師亦會強調加害人對暴力的責任，而非讓配偶來分擔。此部分在下章將再做說明。

許多國外的家族治療師經驗到家族、婚姻治療對處理婚姻暴力的限制，於是不斷研發、拓展各種整合的、多重模式的處遇計畫。也有越來越多的實證研究告訴我們，單單只對加害人施以心理治療而未配合法律、社會警政的其他措施，並無法有效改變毆妻者的暴力行為。所以治療師不能只是在隱密的小房間內，採用舒適、慣用的治療方式，還必須向外拓展與其他社區資源相結合，例如在美國 New Jersey 發展一個在社區中由非暴力男性協助毆妻者的組織，就是一個非常美好的例子（Almeida and Bograd, 1991）。我們的臨床工作在處理婚姻暴力時如何整合心理、教育、社會、政治和法律的各種向度，而非執著於某單一家族治療或心理治療學派，更是考驗著專業人員的能力和智慧。畢竟至目前為止，所有這些競爭中的學派，沒有一個是真正完整的，也沒有人能提供正確的答案。

第四章

婚姻暴力加害人
處遇與諮商技術

在進行婚姻暴力加害人處遇時，不論是個別晤談或認知教育團體，常會有個感想：加害人處遇既是心理治療，又不是心理治療。因為處遇過程中需要用到許多治療技術，例如建立關係、傾聽了解、歸納摘要、面質挑戰、引導與順應、隱喻與幽默、提出問題、增進動機、引導改變等。但同時在處遇和諮商的初期，由於焦點放在對暴力行為的指認和改變，諮商員通常必須約束自己的治療好奇心，免得進入太深的內在心理動力歷程而失去處理暴力的焦點。所以婚暴加害人的諮商其實必須是以諮商實務的經驗和理論為基礎，再加上家庭動力、暴力議題的知識與訓練，才能順利運作的複雜工作。

Bancroft（2002）認為高品質的加害人處遇包含了：(1)後果（consequences）、(2)教育（education）、(3)面質（confrontation）、(4)責信（accountability）四項元素，且與心理治療有下列幾個顯著的差異：

◆ 一心理治療對案主的感受提供同理心、支持和了解，但加害人處遇則將焦點放在他的虐待和暴力的思考方式，並且引導加害人去體會**受暴者和子女的感受**。

◆ 心理治療很少設定規則來約束案主在治療中的行為，但加害人處遇則會切實要求加害人必須控制自己對配偶的肢體、情緒、和語言的暴力。

◆ 心理治療師通常不會與加害人的配偶聯繫，但高品質的加害人處遇則將此行動列為重要工作項目。

◆ 心理治療通常不會在治療中強調虐待和暴力的社會、性別、文化、父權意識的主要根源，而加害人處遇則將這些列為重要內容。

◆ 加害人處遇會為案主提供教育過程，使他能明瞭暴力的種類與處理方法，並且會去面質他的虐待態度與思維、藉口與否認。但在心理治療中則不必去處理這些部分。

許多加害人處遇工作者都清楚了解，加害人要改變暴力行為是不會有奇蹟出現的，也不會在一夜之間就完成。改變是一個辛苦、不舒服的漫長過程，所以對加害人來說，維持現況，並繼續享有虐待的好處是比跳脫暴力模式要容易得多。處遇者不能改變加害人，但可提供一種改變的情境和新的選擇。而治療師在加害

人處遇中面臨的第一個挑戰，就是如何增強加害人改變的動力，並為暴力負起責任。

婚姻暴力加害人承擔責任的面談技術

　　雖然很多婚暴加害人處遇的案例是由法院強制執行，但基本上這並不是對加害人的一種懲罰，而是一種復健的歷程，使得加害人可以經由這樣的處遇終止暴力，回歸到安全的親密關係中。

　　然而由於加害者大多數是男性，在成長社會化的歷程中已然學得暴力化的男性性別角色，亦由父權文化的意識型態中學會對配偶施以控制行為模式。所以進行加害人處遇時，最困難的就是如何協助加害人為自己認為理所當然的暴力負起責任。事實上，惟有加害人個人才能改變自己的信念與行為，所以治療師最大的挑戰是如何使加害人由非自願的心情，降低抗拒，進而產生參與和改變的動力。以下將摘要介紹由澳洲敘事治療師 Alan Jenkins（1997）所發展出的幾項面談技術，並摘錄於圖五「婚姻暴力加害人承擔責任的面談技術」中。

　　這些面談原則可用在加害人個別諮商和團體諮商中，甚至對其他非自願性當事人（如強制親職教育的施虐父母），也有參考應用的價值。

請加害人陳述暴力事件

　　在初次晤談或團體處遇時，請加害人陳述自己的暴力行為是

極為重要的策略。這樣可迅速為處遇過程建立一個優先處理暴力
議題的架構，也避免治療師因過度保護或同情案主，而不去面對
談論暴力的壓力。

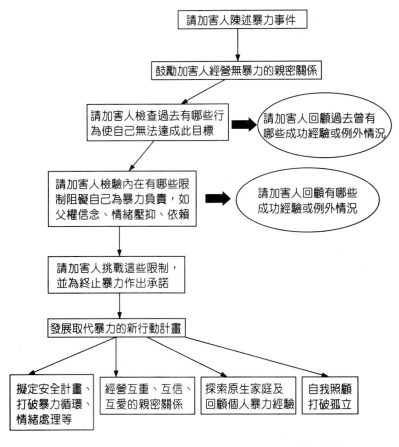

圖五　婚姻暴力加害人承擔責任的面談技術

㈠**治療師首先可請加害人解釋他來參與處遇的原因**。大多數加害人都不願意承認他有暴力，而會將參加處遇的原因歸諸於被強迫、被陷害、妻子要求，或不知道。

有時他會歸因於婚姻有問題、太太嘮叨個不停、夫妻不合、婚姻衝突等。

有時又會採取哀兵政策，說自己脾氣不好、控制不住，以後不會再犯了，並請求「專家」指導控制脾氣的好方法。

有的加害人會反應：「我不吃這一套，對我沒有用。」或根本沒反應，裝做聽不到（懂）。

加害人對此類問題的回應可真是五花八門，無奇不有。治療師此時要站穩立場，不要太快淪陷，或隨著加害人起舞，將問題焦點朝向他人，淡化暴力事件，或被他說服。

㈡**必要時打斷對方敘述，並請對方將焦點放在暴力事件的細節上**。例如何人、何時、何地、如何發生，對方說了什麼、做了什麼，加害人又接著說了什麼、做了什麼，尤其重要的是要詢問加害人對這些事件內容的看法和反應。

「當小梅出去和朋友聚餐時，你是怎麼想的？」

「你打電話給小梅她卻關機，對你的意義是什麼？」「你怎麼看這件事的？」

「當你這麼想時，你做了什麼事？」

這些事件的意義和加害人的解釋方式常為構成暴力的真正原因。但治療師在此時不必成為衝突事件的審判官，來決定誰對誰錯，亦不必批評加害者的解說是否合理。而要不斷的將焦點放在

暴力行為和背後的思考、情緒之間相互運作的歷程上。

　　㈢**在初次面談中要對加害人承擔暴力責任的跡象保持警覺。**
那怕只是一點點蛛絲馬跡，都可給與支持和欣賞：

　　　　「我相信這對你來說很不容易。今天是你第一次對別人說出
　　　　　你的暴力吧！」
　　　　「我很欣賞你今天這麼坦誠的跟我談到暴力的過程。」
　　　　「你很勇敢，我很佩服你勇於承認打傷小梅。」

鼓勵加害人經營無暴力的親密關係

　　大多數我們所接觸的加害人並不樂意自己的婚姻被冠上暴力
的形容詞，很多加害人也不想失去婚姻，甚至希望自己與配偶有
和諧、圓滿、幸福的親密關係。所以當加害人發現婚姻出了狀
況，暴力不但不能解決問題，反而給自己帶來更大麻煩，心中的
害怕、挫折和無力感可想而知。

　　㈠**請加害人先描述對親密關係的願景，**並給他機會表明他所
期待的是一種無暴力的親密關係。

　　　　「你想與小梅有怎樣的婚姻？」
　　　　「你要有暴力或無暴力的婚姻？」
　　　　「你想要一個讓小梅覺得安全、免於害怕的關係嗎？」
　　　　「你願意將來彼此相處得更好嗎？」
　　　　「你想要有一個和諧愉快的婚姻關係嗎？」

　　㈡**協助加害人覺察到他所要的目標，並增強他為此承擔更**

多的責任。

　「我聽得很清楚，你不想有一個有暴力的婚姻，而且你絕不
　　會再犯了。」

　「可否說說看你是如何做出此決定的？」

　「你以前曾經做過類似的決定嗎？」

　「你想要怎樣的計畫來達到這個目標？」

　「就算小梅激怒你，你也不再打她？」

　「你要做怎樣的改變才能實現？」

㈢試著替加害人描述出正向平等關係的婚姻。

　「也許你可以認真考慮一個互相尊重的婚姻。」

　「一個可以相互陪伴和照顧的關係會使你比現在好過吧！」

　「你確定小梅感覺到你尊重她、愛她，而她也想跟你在一
　　起？」

　「有些男人認為女人應該完全順從聽命於他，而且應該做個
　　賢妻良母，你也是這樣想的嗎？」

　「有些男人不准妻子去工作，應該待在家裡煮飯照顧小孩，
　　你也這樣認為嗎？」

　「小梅跟你在一起好像很怕你，是不是呢？」

㈣請加害人說明這種無暴力的婚姻有何重要性和價值。

　「有一個尊重和愛的關係，對你有多重要呢？」

　「你和小梅能夠快樂平安的生活在一起，為什麼有那麼重要
　　呢？」

　「你這麼重視良好的婚姻，是什麼原因呢？」

請加害人檢查有哪些錯誤的行為使自己無法達成此目標

如果加害人表明他希望能有一個相互尊重、圓滿、無暴力的婚姻關係，就可引導他去思考，究竟他在過去婚姻生活中，有哪些行為舉動阻礙了這樣的目標？有哪些是成功的例子？

㈠探詢建立無暴力婚姻的阻礙。

「聽起來你很想與小梅有和諧美滿的婚姻生活，可否談談是什麼阻礙你達到這個目標？」

「請你幫忙我弄清楚，是什麼讓你不能達到這個目標的？」

「請你說說看，過去你曾經做過哪些努力來建立這樣的關係呢？」

「過去是不是有些時候你覺得自己做得很成功？」

「你以前曾嘗試去解決婚姻中的難題嗎？你是怎麼做的？」

「在過去你是否曾經有感覺婚姻關係比現在稍微好一點的時候呢？當時你是怎麼做到的？」

㈡請加害人檢驗暴力對婚姻關係、自我、配偶、小孩等的影響。

「請你說說看，暴力對你的婚姻有何影響？」

「暴力對你婚姻中的互重、互愛、互信有什麼影響？」

「暴力對你自己有何影響？」

「暴力對你的自信、自尊有何影響？」

「暴力對小梅有何影響？」

「暴力對小梅對你的感受有何影響？」

「暴力對家庭氣氛（小孩）有何影響？」

㈢**此時可針對暴力的細節再請加害人詳加說明**。目的是強化加害人將自己的暴力與暴力結果串連在一起。例如，「何時開始爭執？」「在哪裡？」「當時是因為什麼事讓你那麼生氣？」「你說了什麼？」「然後小梅做了什麼？」「你又如何生氣？」「小梅看到你生氣後有何反應？」「你當時生氣時做了什麼？」「你那麼生氣時想要她做什麼？」「你認為她真正想要的是什麼？」「那時她又做了什麼？」「然後又發生了什麼？」「你在心裡是怎麼想的？」「當你打她之前你想到什麼？」「是什麼念頭讓你動手的？」「你如何決定要動手的？」「是什麼使你選擇動手的？」

這個過程是要讓加害人意識到暴力發生的過程中，他如何使自己動手、他如何選擇暴力行為、他如何允許自己毆妻，以及內在的認知、感受、行為三方面互動又是如何產生牽連的。

㈣**更進一步客觀、仔細的描述暴力細節**，使加害人「擁有」並「承認」這些暴力行為。

「你是怎樣抓住／掐住／勒住／推／她的？」

「你用拳頭打她哪裡？」「你打了幾下？」「有多用力？」

「你這樣做有多少次了？」

「你敲她哪裡？」「你怎麼會敲她那裏，不是別的地方？」

「你是怎麼抓她去撞牆的？」

　　通常加害人很不願意去討論這些細節，而且會表現出不安或拒絕。但這樣仔細的描述，可反映出他願意為暴力負責的程度。

㈤治療師可針對他的配合，表示欣賞他的勇氣與力量：

「我十分欽佩你有這個勇氣去面對你的暴力行為而沒有逃避。」

「這是你第一次向別人說明暴力行為的細節嗎？真是太不容易了！」

㈥請加害人再描述其他暴力事件，他並可開始去注意自己的暴力型態及背後的意圖。這樣可促進加害人開始逐漸提升責任感，而不會將原因向外推卸。

「當小梅強烈反對你的意見，而且還與你爭辯，那時你有什麼感覺？你是怎麼想的？」

「當她不想照顧你的年老父母，想去工作，你怎麼看這件事？」

「所以她執意要去工作，不照顧父母，你很擔心／受傷／生氣。你也害怕父母不諒解而指責你不孝順。

　　你擔心／受傷／生氣時就會更努力叫她不要去工作，而且要照你的話做。

　　但她還是堅持自己的意見，你就更擔心／受傷／生氣，也更用力叫她聽你的。最後你終於使用了無效的方法，就是暴力和恐嚇。為的是要她能真正聽你的話去照顧父母。

　　其實你的出發點不是要傷害她，只是希望父母得到好的照顧。」

讓加害人具體指認（外化）出內在有哪些限制阻礙自己為暴力負責

上段討論的是加害人因何種行為阻礙了他達到自己所欲求的婚姻關係，這些阻礙行為意指暴力及控制行為。

本段所要處理的則是加害人內在有哪些限制——包括傳統社會中父權信念、性別角色的社會化、對女性之依賴與掌控等，(1)如何阻礙他承擔互信、互重、互愛關係的責任；(2)如何阻礙他承擔暴力行為的責任。

Jenkins 在本段引用的是敘事治療大師 Michael White（1986）所使用的「外化」（externalization）的過程，即案主將自己與內在的傳統信念和習慣分開，並將之具體陳述出。這樣他可針對這些僵固的認知內容做挑戰，而不必施暴於配偶或自己。雖然讀者在實務工作可能不一定採用敘事治療的技術，但將父權意識型態的信念及其他的內在限制外化，會是有效的策略。

㈠將男性化氣質和角色的信念外化。治療師首先就自己對男性在親密關係中的角色和困境提出看法，這些看法是由社會文化角度和多代家庭傳統中所反映出的父權意識。

1. Jenkins 會使用以下誇張的方式來描述傳統的親密關係：

「我很清楚你非常想接近小梅，也想與她有個美滿的婚姻，但你的作風不但落伍，而且守舊，也與你所想要的婚姻不速配。如果你活在一百年前，做個暴君會很威風，而且你可以把妻子當作奴隸、門房、傭人也不會有問題。」

「傳統的婚姻中，男人是皇帝，女人必須聽命於他，而且不
　能有自己的思想、意見和需求。一般男人都很容易陷入這
　樣的思考而不自覺。你認為你自己陷在其中有多深？」

2. 接下來再引導加害人去思考，這些傳統的父權思想如何影
　響他的生活、婚姻和配偶對他的感受。

3. 如果加害人意識到這種傳統父權意識所產生的信念對親密
　關係的負面影響，也許不想再成為犧牲者，那麼他就得重
　新思考是否還要再繼續扮演壓迫者的角色。

此時治療師可與他探索過去是否有例外（exceptions）和成功
的經驗，這樣可將焦點轉向正向部分，也可發掘他內在的力量和
能力去做改變。

「你是否注意到以前曾有違反這些老舊觀念的時候？」

「你以前是否曾經有些時候對待小梅是可以尊重她自己個人
　意志、讓她在婚姻中為自己做決定的？」

「你是怎麼處理的？」「你怎麼做到的？」

「你是如何打破這些老傳統和舊習慣的？」

「如果你持續這樣的方向，你的婚姻會有何不同？」

「在過去是否曾經有些時候你是稍微比現在開放和尊重小梅
　的？你如何做到的？」

㈡將壓抑的情緒外化。將加害人的「受傷」、「不安全
感」、「害怕」等與暴力行為聯結的情緒外化，可使他更有力量
去面對。

「你在打傷小梅時，體會到自己也受傷的感覺很強大，是

嗎？」

「這個害怕的感覺像個怪獸。」

將這些情緒具體指認出之後，可再請加害人思考一些新的方向和解決方法，來取代暴力行動。

「對你來說，是否有些時候不會被受傷／不安全／害怕的感覺控制住？」

「你婚姻的主人是你自己？還是你的不安全感？」

「你選擇自己被受傷的感受所操控，還是你可以控制它？」

㈢將依賴配偶與逃避責任外化。

1. 協助加害人探索在婚姻中他如何依賴配偶來防止暴力。

「是什麼阻止你為暴力負責？」

「你們二人過去如何與暴力生活？」

「你的配偶如何與暴力生活？」

「在過去你們各自是如何阻止暴力？」

「誰最努力去防止暴力？」

「你在過去比較努力去防範暴力，還是比較努力要你的配偶來防範？」

「如果像這樣繼續下去會如何？」

「如果你繼續依賴配偶防止暴力，以後會如何？」

2. 協助加害人探索傳統中的角色是如何分配男性和女性的責任。

「你一定也清楚，在我們的傳統中，先生在外工作、養活家庭，妻子得負擔家務、照顧小孩。而且重要的是，她也得

　照顧每個人的情緒和需要。如果有人心情不好、不開心、生氣，她就得讓每個人快樂。」

「如果在家庭中的先生和妻子完全吻合這種做法，會怎麼樣？」

「如果先生一直要依賴他的太太讓他快樂，他能自己獨立處理壓力嗎？」

「他會變得更堅強、更有能力？還是更脆弱、更不能處理自己的情緒？」

3. 協助加害人檢驗自己的暴力理論，有些加害人會認為暴力行為是因自己失去控制，別無選擇。這時治療師可挑戰他這樣的信念，並為過去曾經成功的經驗賞識自己。

「警察筆錄上說你把小梅的手臂打傷。所以打傷手臂和打傷其他不同的部位之中，你選擇了打傷手臂。」

「你在當時是如何阻止自己沒有造成更大的傷害？」

「在過去，有時候你曾經採取行動來阻止自己的暴力行動嗎？」

「在過去你曾經有自己停止暴力而未依賴妻子來為你做到的時候嗎？」

「你是怎麼做到的？」

「你越來越依靠自己還是靠小梅來控制暴力？」

「你越來越能自己處理壓力和情緒，還是越來越依賴小梅為你做？」

「這對你們的關係有何意義（影響）？」

基礎篇

挑戰加害人這些內在限制，並為終止暴力做改變的承諾

(一)挑戰加害人為自己的暴力負責。

「你願意在婚姻中控制自己的暴力，還是要靠小梅？」

「你想在此婚姻中做個為自己負責的人，而且建立一個免於暴力的關係嗎？」

「真的嗎？這不是容易的事喔！用暴力解決事情比較方便，依靠小梅來處理也比較容易的。」

(二)挑戰加害人將妻子視為所有物而加以控制。

「你是否能經營一種婚姻關係，讓小梅能做她想做的事、說她想說的話？還是你要她為了讓你快樂而只說你想聽的話？」

「你願意與她分享一家之主的權力，還是要她永遠在背後支持你、附屬於你？」

「真的嗎？要改變以前的老大作風與小梅平起平坐是很難的。你怎麼做到這一步的？」

(三)挑戰加害人的守舊傳統理念。

「你是否能讓老舊的家庭觀念隨他去，而重新為自己及自己的婚姻打算？」

「你想你能與小梅有一個與父母不同的婚姻嗎？」

「你想你能在父母親友的壓力下仍然去做你認為對的事嗎？」

「傳統的婚姻關係可能已不適用你們了，你相信嗎？」

㈣**挑戰加害人為自己的感受負責。**

「你願意為自己的不快樂／不安全感／受傷感受負責，還是
仰賴小梅，靠她來照顧你的感受？」

「你是否決定讓自己擁有自己的感受，而小梅也可以有她的
感受？還是你要她只能感覺你所感覺的？」

「你是否願意為自己解決壓力，自立自強？還是你要小梅來
幫你紓解壓力？」

「真的？靠她來應付這些壓力可是容易多了，你是怎麼做出
這個決定的？」

㈤**邀請加害人做出自我負責、自我依賴的承諾。**如果加害
人處遇至此進展都順利，他就已能開始為改變做承諾。雖然很多
加害人急於要向配偶證明自己的進步，以挽回配偶的心，或以此
要求她回家。但治療師此時要鼓勵加害人為自己做改變，向自己
而非配偶證明要放棄那些舊習慣、舊觀念，並且朝向一種新的、
非暴力的親密關係做努力。

「你已預備好要採取行動，並向自己證明，你要努力經營一
個尊重、非暴力的關係？」

「現在是你在說話，還是你的擔心／不安全／挫敗在說話？」

「你準備好要採取行動，而且向自己證明：

◆小梅與你在一起是安全的，不會受暴力的威脅與傷害。

◆你會選擇新行動來取代暴力。

◆你不需要她來處理、消除你的暴力，你會自己負責。

◆一你會尊重她是個獨立的個體，可以有自己的思想和需
要，甚至與你不同。」

「有哪些證據能證明你已改變了？」

在團體處遇中，我們可將以上的問題以表格列出，以供加害者簽名，顯示自己的承諾與決心。

發展取代暴力的新行動計畫

當加害人能為終止暴力做承諾，並且也準備好要做改變，就是發展新行動計畫的恰當時機了。在此計畫中應包含四個部分：

㈠**擬訂安全計畫、打破暴力循環、男性的情緒與表達、取代暴力的新行為（如暫時迴避）等**。詳細內容請見本書**實務篇**中第一和第二階段活動。

㈡**與配偶發展互重、互信、互愛的親密關係**，包括尊重平等的溝通、聆聽的藝術、處理親密關係中的衝突等。請參考**實務篇**中第三階段活動。

㈢**探索原生家庭及回顧個人暴力經驗**。內容請參考**實務篇**第四階段活動。

㈣**自我照顧和打破孤立**。由於加害人常處於孤立狀態，情緒壓抑，無法抒發，身邊亦缺乏支持系統，所以治療師可鼓勵案主在生活環境中尋找配偶以外的支持同伴，當案主發現自己情緒激動、有傷人意圖時，即可與支持同伴聯絡，藉由分享討論來解除壓力，並再度掌握自己的情緒與行為。

除此之外，在實務中我們也發現，加害人在生活中疏於照顧自己，並且過度依賴配偶在生活上的照料，因此，培養案主在飲食、情緒、人際關係、個人需求各方面自我照顧的能力，亦為處

遇中重要的部分。

婚姻暴力加害人的改變歷程

　　以上所介紹的面談技術是由澳洲男性敘事治療師 A. Jenkins 所發展的，我們可以看到他使用大部分的精力和時間在邀請婚暴加害人為自己的暴力負起責任。美國另一位男性治療師 L. Bancroft，則在十五年間與男性婚姻暴力加害人工作的經驗中，深入這些加害人的內心世界，去了解加害人如何產生扭曲的思考模式和信念，來控制脅迫女性。他也致力於協助加害人克服這些困難來終止暴力，並使女性受暴者能重新找到力量（empower），開拓自己的新生活。

　　Bancroft（2002）在與兩千多位加害人的處遇過程中，歸納出加害人終止暴力和虐待的改變歷程如下：

　　㈠加害人完全承認對伴侶（包括現在和過去的）的心理、身體、性方面的虐待與暴力行為。他不再否認、淡化、抗拒、掩飾這些傷害，而且願意以語言描述和承認。

　　㈡加害人願意無條件的承認這些虐待和暴力行為是錯誤的。並且不再將責任歸咎對方，亦不再為這些行為找到合理的藉口來推卸責任。

　　㈢承認自己的暴力行為是一種選擇，而非情緒失控的結果。所以他必須看到在每個暴力事件中，他如何允許自己選擇暴力，

或如何允許自己失控，而不是因為情緒太強烈到他無法掌控才會施暴。所以他可以採取不同的選擇來終止暴力、避免傷害家人，不再任由自己發洩情緒於暴力中。如果可能，最好能對被他傷害的人發自內心誠懇的道歉。

㈣能意識虐待行為對配偶和子女造成的傷害，以及能了解他們的感受。他必須接受受害者有權利生氣，而且會覺得害怕、不信任、絕望。他也要認清暴力行為對婚姻、配偶、子女短期和長期所造成的負面影響。

㈤確認控制與暴力行為模式背後唯我獨尊的態度、信念與價值。例如，先生是家中唯一有權力為所欲為的人；女人應臣服於男人，不應有自己的生活和自我；先生生氣都是妻子的錯；先生可以拿妻子小孩出氣；妻子應取悅伺候先生，隨時使他快樂等。

㈥發展與配偶的尊重、正向的相處方式，以取代暴力和虐待。加害人必須承諾終止暴力行為，不再控制配偶，並且願意以新的方式來建立婚姻關係，例如學習聆聽、尊重對方有平等的權力、共同負擔家事和教養責任、支持配偶追尋個人生活目標等。

㈦修復因暴力所造成的傷害。不但要向配偶和子女表示歉意、承認錯誤，還要付出更多的時間和精神來彌補雙方破裂的關係。如果配偶和子女尚未準備好接納或親近加害人，他也須尊重他們的速度和方式，並接受暴力所造成的結果。

㈧能放棄過去身為暴力先生所享有的特權。即他必須體認婚姻中男女不同的雙重標準，並做出行動放棄之，例如，不告知行蹤也不回家，把小孩丟給妻子不管，自己去享樂；與其他女性有婚外關係，不顧妻子感受等。

㈨終身學習克服暴力，不論配偶的反應如何，都能為自己過去和未來的行為負責，亦不要求配偶先做改變，自己才要改變。將終止暴力做為一生的目標，如果有時退步，也不能為自己找理由粉飾太平。

以上這些步驟都是改變歷程中不可或缺的，有些較容易，有些則較困難。例如有的加害人認為承認配偶有權利生氣是很難做到的，但向她道歉就很容易。然而 Bancroft 卻認為加害人必須完全和永久的不再施以虐待和暴力，才能證明他確實有所改變。

美國麻州婚暴加害人處遇團體工作手冊（EMERGE Batterers Intervention Group Program Manual）中闡明加害人進行暴力行為改變的歷程須完成四項步驟：

㈠他們必須表明願意放棄親密關係中的控制手段。
㈡他們必須為自己的虐待行為負起責任來。
㈢他們必須與配偶以一種尊重合作的態度來協調彼此的差異性，並解決衝突。
㈣他們必須削弱自我中心、唯我獨尊的人生目標，而與配偶家人發展適合雙方需求的生活計畫。

這樣的改變歷程不論是在團體處遇或個別諮商中都是處遇者必須面對的挑戰。尤其在社會、文化、政治環境中，男女權力地位尚存差距，要進行這些改變的步驟誠屬不易。但唯有每位加害人在可能的範圍內完成最大改變，處遇工作者與婦女安全倡導者堅定終止暴力的立場，社會必然會因此開始產生變革。

處理加害人的抗拒

在實施加害人處遇的過程中，大家最關心的、也是最困難的部分，大概就是如何處理加害人的抗拒和防衛了。加害人不論是自願或非自願，在不得不去面對暴力及其後果時，皆會產生各種各樣有意識或潛意識的反應來阻撓改變的歷程。但如果處遇者帶著一種正向、尊重的態度，而非強力質詢和懲罰的壓迫，更不必因過度同情、討好而不知不覺失去焦點，才有可能收到處遇的效果。

加害人為什麼會抗拒？這是如何建構起來的？按照家族治療師 Satir 的說法（Satir, Banmen, Gerber, & Gomori, 1991），當人們感受到被指責，或是想要保護自己的利益，就會表現出抗拒。而抗拒的表現方式是他明明感覺不好，卻要說自己沒事。所以 Satir 建議家族治療師此時要認知案主擁有最高尊嚴，並給與接納和時間，努力協助他們覺察、承認，然後才能在求生存的層次上與治療師對話。所以當加害人否認、淡化、合理化自己的暴力行為時，治療師強硬的去與他對抗，不但會收到反效果，導致無意義的激烈爭辯或權力鬥爭，亦無法達到治療目的。

治療師進行加害人處遇時首先得接受，在處理暴力議題時，產生不合作、不配合、不理會的反應是極其正常的。意即治療師根本不必期待加害人會出現負責任的態度，並與治療師合作。如果治療師遇到抗阻、防衛而產生強烈的情緒，如憤怒、挫折，最

好能與督導、同伴討論，或深入探索個人內在的心理動力及解決過去未完結的事物（unfinished business）。

治療師一旦覺知到加害人的抗拒，不論是淡化暴行、否認毆妻、合理化暴力行為、將責任推給他人、抱怨自己參加處遇浪費時間影響工作、批評加害人處遇措施、質疑家暴法、挑戰治療師或團體領導者等，就要立即處理。其中一項對策就是尊重地聆聽，然後繼續進行諮商員原本該進行的主題。但如果要處理抗拒，最好在加害人最初表現出抗拒反應就把握時機採取行動。

加害人否認或淡化暴力事實

加害人有時只願承認一部分暴力事實，或簡化暴力的嚴重性，如「我不是故意的，那是意外！」「我只是講話有點大聲、動作有點粗魯。」「我只是在保護我自己。」「沒什麼，我只是推了她一下。」治療師或團體領導者可有下列做法（Pence and Paymer, 1993）：

(一)用尊重的方式去面質他。

「是什麼原因你會在這裡？」

「你第一次打她是什麼時候？」

「你是否確實對她施暴？」

「你太太因為你的暴力所以很怕你。」

「你做了什麼事，所以法官要你來這裡？」

「如果只是這樣，她怎麼會申請保護令？」

(二)邀請他描述暴力事件過程中的細節。

「你用什麼打她？你怎麼打她？」

「你打她哪裡？接著又對她做了什麼？」

「你罵她什麼？然後又做了什麼？」

「你怎麼威脅她？恐嚇她？」

「你如何跟蹤她？你如何使她怕你？」

「你如何監聽她的電話？」

「你如何進入她的語音信箱？」

「你說『……其他什麼的』是什麼意思？」

「你說『沒什麼大不了』是指什麼？」

「你說『我不是真的暴力』是什麼意思？」

「『真的』暴力和暴力有什麼不同？」

此部分技巧在前面已有許多介紹，在此不再累述。

(三)討論暴力的影響。

「你打她，她對你會有什麼感受？她會不會怕你？」

「你不是很愛她嗎？如何決定對她使用暴力呢？」

「你這樣威脅她，會得到什麼呢？」

「你們家中有爭吵和衝突時，小孩會有什麼感覺？」

「他們能好好讀書嗎？」

「這樣做能讓他們尊敬你嗎？」

「不管怎麼樣，你這樣對她，她會更愛你嗎？」

「打了她之後，你要付出什麼代價呢？」

加害人將暴力原因歸咎於配偶

加害人常指控配偶心理有問題、行為不檢點、舉止不理性、行徑惡劣才是造成暴力的主因。所以最常聽見加害人說:「我老婆才該來,不是我。」「她才有問題,我沒有問題。」

㈠**此時治療師須清楚溫和的說明需要改變的人是當事人。**

「現在既然你來了,我們來看看你可以改變的是什麼。」

「小梅不在這裡,我們也不打算改變她。」

「保護令規定你來這裡,不是小梅。」

並且將焦點持續放在加害人的行為和暴力歷程上。

㈡**將互動內容放在加害人內在的認知、情緒、與行為三部分的關聯上。**讓加害人看見暴力行為是由自己內在自我對話與負面情緒的互動所產生的,而非配偶「造成」他的暴力。治療師可做的是:

1. 列出加害人在暴力事件中內在的自我對話或想法,並描述給加害人聽,然後一起討論他是否覺察這些內在歷程的運作。這樣可使加害人將外在的促發因素轉移至個人內在的運作歷程。

2. 討論事情是否一定要照他所想的發生,且配偶是否一定要符合自己的期待。這樣是否合理或切合實際?是何原因使他非這樣不可?

3. 挑戰他「失控」的想法,是否他真的無控制力?以前曾有類似情況但成功控制的例子嗎?

4.討論加害人指控配偶、歸咎配偶可得到什麼好處？

5.運用一些修辭學上的技巧（Goldner, 1998），例如：「我就是控制不了自己。」治療師可回應：「是什麼使你選擇不去控制自己？」或「你是否記得過去曾經選擇控制自己的時刻？」「是什麼阻礙你去控制自己？」

　　這樣的回應一方面可拓展加害人自我負責的能力，另一方面又不去否定他的個人經驗。

高度否認的加害人

　　在團體處遇或個別治療中，每位加害人的否認抗拒程度都不一樣。高度否定的加害人往往將暴力的焦點鎖定在配偶，而不願回到自己身上，他們幾乎不肯承認自己的暴力行為造成配偶和小孩嚴重的傷害，甚至根本從頭到尾否認有暴行。因此使用團體處遇方式比個別晤談較容易處理當事人此類的抗拒，因為如果團體中有些加害人已能勇敢面對和承認暴力行為時，其他高度否認的案主就比較容易放鬆防衛，不再積極抵抗。

　　然而在實務工作中，這樣的加害人在進行處遇時，常會消耗團體和諮商員很多時間和能量，並造成許多挫敗和無力感。

　　在 EMERGE 毆妻處遇團體方案手冊（2000）中，即針對此類加害人提出一些處遇策略：

　　㈠回顧暴力發生的過程與細節。

　　㈡如果他的配偶同意，則可轉述她對加害人的看法與描述，並在團體或會談中與加害人討論這些訊息。

㈢使用警察筆錄及法官審判書為依據。

㈣給加害人家庭作業，並要求在他下次聚會前做好，帶來討論，包括暴力檢核表、暴力的影響、配偶的正向特質等。

㈤在團體開始前即將加害人與配偶的關係發展史、暴力史蒐集完整，並與加害人設定清楚的處遇目標。

㈥在團體處遇課程中進行相關主題的教材，以激勵加害人表達更多暴力的模式和歷程。

㈦處遇工作者的態度立場需堅持肯定，避免給與矛盾模糊的訊息。

第五章

團體處遇的建構與準則

婚暴加害人處遇在美國通常以團體的方式進行，而不採用個別諮商。很多州政府的加害人處遇準則中甚至視婚姻、家庭諮商為一種有害和危險的處遇方式。如果進行個別會談，也只在成員初談或篩選和特殊情形下，如身心障礙、急性精神異常、或有嚴重語言障礙等才會採用。

有些加害人會利用個別晤談來讓妻子安心，使她以為他已經開始做改變，而放棄結束關係的打算。但實際上這樣的當事人在個別晤談中不但缺乏動機，還會以各種形式的抗拒來妨礙諮商的進行。在團體處遇中，因團體產生的壓力較不易給加害人卸責的機會。其他不鼓勵採用個別處遇模式的理由已在前面幾章討論過。

　　加害人在團體中，可以與其他男性成員在一種面對暴力、處理暴力的氣氛下相互鼓勵打氣。一方面可找到終止暴力的支持同伴一起努力，不會覺得失去男性的尊嚴和面子；另一方面，因為每位成員都會被要求誠實的指認和描述暴力行為，所以不會因分享暴力而覺得丟臉，較易突破否認和防衛。如果順利，參與的成員還可在團體中看見不同的男性典範和親密關係的型態，並由其他成員口中得到不同的見解與回饋，這樣的過程可強化覺察和改變的能力。

　　此外，團體處遇還可提供男性加害人一個與他人建立關係、打破孤立的情境，以減少對配偶在情緒上的依賴。我們會發現，成員在團體中有機會分享平日在生活圈中很少與他人交流的內在經驗，藉此可相互在情感的層面產生聯結。

　　以上這些有利因素即為團體諮商中重要的療效因子：普同感、人際學習、利他主義等（Yalom, 1995）。

團體準備——參與成員的初談篩選（intake）

　　團體成員皆設定為毆妻者、男性，人數約在三至十二人之間最為普遍。這些成員在法院核發家庭暴力加害人處遇計畫保護令後，即由家暴中心人員安排進入團體。理想情況是每位成員在加入團體前已由專門人員初步晤談，並蒐集完整資料，例如家庭婚姻史、疾病醫療史、婚姻暴力史、酒藥癮檢測、心理疾病篩檢、

危險評估等。初談的工作人員須彙集資料，並判斷加害人是否適合參加加害人團體處遇，或需要再安排其他身心醫療措施，如戒除酒、藥癮等。

除了初談員在觀察、訪談、蒐集加害人相關之施暴資料外，附上其他之調查報告將會非常有助益，例如：警方調查報告與筆錄、受害人陳述、相關證人陳述、醫療驗傷紀錄、檢察官或社工員調查報告、法院審理紀錄等。

所以此位初談工作人員應受過良好訓練，了解婚暴歷程和暴力的本質，有能力表現溫暖、尊重，卻仍能對加害人的操縱、不一致有敏銳的覺察力。他也了解婚暴加害人處遇目的不是在懲罰和責難加害人，而是保障受害人安全。

然而在國內對加害人參與團體之前的評估通常是交由審前鑑定小組或僅簡單彙集加害人在法官核發保護令之前的零散資料。不論是曾經或未曾交付審前鑑定小組，都缺乏整體對加害人系統化的了解。

在初談篩選中，主談者需蒐集的資料可參考美國 the Duluth 模式的內容：

㈠加害人對現任伴侶、過去伴侶、小孩、親友、陌生人暴力的模式和嚴重度。

㈡他對自己的暴力行為開放和誠實的程度。可參考其他文件資料，如警察筆錄、法院判決等來做核對。

㈢酒、藥癮和心理疾病歷史。

㈣他在團體中是否可能會有不合作行為，例如完全否認自己

有暴力行為，或不願做出改變的承諾。

㈤評估他的自我破壞行為、自殺和殺人的可能性。必要時配合心理諮商一起進行。

㈥成員是否有些特殊的需求要特別安排，例如有些成員因工作關係，可能很長一段時間不在當地，或是有的成員無法聽、讀、寫，這些特別情形必須在安排妥善後，明記在合約內。

㈦其他可利用的資源，如親職教育團體等。

初談篩選可以個別或團體方式進行，主談者蒐集完整資料後，為每個人整理好一份檔案，內容包含警察報告摘要、初談資料、法院文件、虐待暴力史、暴力自述等。這樣團體領導者在團體開始前即可對每位成員有清楚的了解。

課程時間長短

毆妻行為的養成是加害人一生的學習結果，所以要改變此行為而學到非暴力的應對方法，非短期之內可達成。雖然研究結果並未顯示處遇方案的理想期間為何，但一般來說，根據許多實務工作者和受害人經驗來看，加害人若能長期參與教育性的處遇團體，效果較佳。國內審前鑑定人員統一建議一期十八週；美國一般來說約在十二週至五十二週的期間為最普遍，而基本的時數最少應在二十四至二十六週為適當（Austin and Dankwort, 1998）。每次聚會九十分鐘至二個鐘頭，每週進行一次。

團體規範

　　在第一次聚會時，團體領導者即說明團體處遇的規範內容。由於成員皆因保護令強制處遇而來參與，必須在團體開始時即告知每位成員團體規範和違反後的法律責任。在臺北縣家庭安全認知教育團體中，我們準備了一份書面的「**認知教育團體規則同意書**」（見 143 頁），以供每位成員清楚了解團體的規則與要求，成員們也可提出看法來討論，最後簽名以示負責。規範內容包括：

　　㈠團體期間不可對配偶使用肢體、語言、性的暴力。

　　㈡積極參與團體聚會，開放誠實的分享，並完成課程作業與要求。

　　㈢團體期間將有專業人員與成員之配偶接觸，但談話內容不公開。

　　㈣參與課程期間必須無酗酒、使用癮藥情形。

　　㈤明列參與課程時數及請假、遲到規定。

　　㈥成員參與團體情形將由領導者評估，報告相關機構。

　　㈦成員不得在團體中對其他成員或領導者有暴力行為。

團體領導者

理想情況下為一男一女領導者最合適，這樣的好處是：

㈠男女領導者可示範非暴力的、相互尊重的兩性關係。

㈡兩位不同性別的領導者在團體過程中若有意見不一致時，可讓成員看到雙方如何藉由理性、開放的方式來溝通。

㈢不同性別的兩位領導者正可反映出性別中的權力不平等現象，並藉此機會成為探索與分析兩性權力關係的好教材。

不同性別的領導者雖有上述好處，但其中的女性領導者亦會面臨一些困難（EMERGE, 2000）：

㈠成員易將自己對女性的感受、想法和反應投射在她身上，而忽略她對團體的貢獻。

㈡女性領導者在團體常感覺自己是隱形人，她所說的話或做的事常有意無意被成員忽視。

㈢女性領導者常在團體中戰戰兢兢，並陷入不能太強悍或太懦弱的矛盾衝突中。

當兩位領導者皆為男性，成員也是男性，雙方容易形成一種聯盟。如果領導者未能對暴力的本質和責任有清楚的態度，就很容易失去立場，與成員共謀。又因為雙方同一性別，更易產生對加害者過度的同情，而使團體發展為男性訴苦與埋怨女人的支持

團體。這種時候就需要有其他的督導來監督。

　　加害人處遇團體若由兩位女性來擔任領導者，有時可以創造一種良好的環境，與成員建立正向的關係，來引領加害人指認自己的虐待行為而改變之。北縣家庭安全加害人處遇團體的領導者即為兩位女性。基於我們對人的接納與尊重，可以建立良好的團體互動過程，並針對每位成員的暴力行為完成改變的承諾和擬定安全計畫。所以以女性做為加害人團體處遇領導者，基本上我們的態度是樂觀正向的。身為女性領導者，我們尤其對加害人是否願承認暴力並負起責任的團體目標極為堅持，也對於成員的控制與操縱產生敏銳的感受。不可否認的，有時在團體中會感覺到團體程序的流程容易被成員打斷而將話題轉向，因此必須再花力量拉回主題；或團體時間被某些成員強勢的占據，女性領導者如何再將主導權重新掌握，即為女性領導者面臨的挑戰。

領導者角色

　　根據美國婚暴加害人團體處遇方案 The Duluth Model 中所建議的領導者角色如下：

　　㈠**落實受害人保護網之聯結工作**。加害人參與團體之後，領導者將告知完成處遇及未完成處遇的後果。參與者因此知悉此團體處遇過程，會在警政、司法、防治單位等機構的合作下完成。所以施暴者若在保護令期間有新的暴力行動，領導者即會通報主

責單位。

(二)**將團體過程聚焦於暴力和改變上**。許多加害人在過去亦有創傷和受虐經驗，雖然如此，我們不會將團體處遇轉向加害人內在的心理動力，而成為加害人的團體治療，雖然這對治療師來說是很難抗拒的誘惑。我們也不會跟著加害人去指責配偶如何激怒、挑釁他才會失控而毆妻。但我們會與加害人討論，在暴力情境中，他是如何解讀、如何與自己對話、又如何想要藉暴力達到控制和權力的目的之內在歷程。

團體領導者將協助每位成員把焦點放在選擇暴力的內在運作模式，並協助成員發展非暴力的新選擇。

(三)**引導成員省思覺察，強化暴力之責任歸屬**。在團體中，領導者與成員共同探索社會文化對男女性別角色之不同期許與要求；討論兩性在權力、階層上之不平等，使得男性將女性視為滿足自己需求的工具。當加害人將暴力責任歸因於受害者時，領導者會將焦點重新拉回，讓加害人認清自己才是要承擔暴力責任的人。

(四)**維持尊重挑戰的氣氛，但不與加害人共謀**。加害人在團體中經常會否認、合理化、簡化暴力事實的嚴重性。領導者可適時溫和的挑戰他使用暴力的後果、暴力的細節，並提醒他妻子不在現場，團體處遇的目的不在改變對方而是自己。

(五)**提供新資訊，介紹非暴力的新選擇**。在團體處遇中有許多機會會共同討論：如果不用暴力，在自己盛怒中可有哪些選擇？此時成員間彼此腦力激盪，會產生許多創意和靈感，每位成員並為自己及婚姻做出改變暴力、發展新行為的承諾。

處遇目標

　　加害人認知教育團體處遇通常都經由法院核發保護令時，命加害人完成的處遇。須接受戒癮的加害人也應在戒癮後再完成此項認知教育團體處遇。認知教育目標為：

　　㈠**責信**（accountability）：即加害人承認自己的暴力行為，不再否認、淡化、或歸咎配偶。為自己的暴力行為負起責任是美國多數加害人處遇的首要目標（Healey, Smith, and O'Sullivan, 1998）。

　　㈡**終止暴力與保障受害者安全**：加害人處遇目標不在治療加害人內在心理問題，而是要加害人能改變暴力行為，最終目的則為保障受害者的人身安全。所以美國許多州政府明文規定在處遇過程中，必須與受害者聯繫。

　　㈢**加害者行為修正和復建**：加害者在認知處遇中，不但要終止暴力，還要學習新的行為和技巧，來建立尊重、平等的家庭關係（Bennett & Williams, 2002）。

與受害者連繫

　　在美國超過二十七個州政府在婚暴加害人處遇準則中規定，

在進行加害人處遇時，工作人員必須與受害者接觸，以警告她們對加害人暴力的威脅不能掉以輕心。但與受害者聯絡時，須注意的是，談話內容保證不會洩露給加害人，並需要尊重受害人被接觸的意願。有時可在聯絡之前先寄發一封信給受害人，說明其配偶已參加加害人處遇，並簡單介紹處遇性質、內容、目標，和受害人可尋求協助的資源清單。

必須清楚的告知受害人團體處遇並不能保證她的人身安全，亦不能保證她的先生一定會改變。與受害者聯繫的主要目的在於：

◆確定受害者及子女的安全，提供可協助的資源。

◆了解加害人的暴力史。

◆告知受害人有關加害人參與團體處遇的時間、團體性質與內容。

◆評估加害人暴力行為的改善程度。

在團體處遇進行中，可使用「**家庭暴力受害婦女訪談表**」（見 114 頁）。

結業條件

加害人需完成下列要求才能結業：

◆完成一定課程時數，並符合保護令的規定。

◆處遇期間無暴力再犯記錄（包括警察、自我報告、受害者

報告等）。

　　◆減少對受害人或子女的威脅、騷擾、跟蹤、被禁止的接觸、蒐集資料等。

　　◆加害人能在團體處遇進行中完成非暴力承諾及安全計畫書。

　　◆加害人能承認、指認出自己的暴力，了解暴力並非因受害人使他失控而造成的，他有責任去覺察並終止毆妻行為。

　　◆加害人能在團體過程中完成基本要求，包括討論與分享、技巧演練、家庭作業等。

　　◆加害人按照規定完成其他必要處遇，如戒除酒癮、藥癮。

　　◆加害人付清處遇費用。

日期：_____
訪談者：_____

家庭暴力受害婦女訪談表

受訪者姓名：_____ 年齡：_____ 電話：_____ 手機：_____

加害人姓名：_____ 子女數：_____ 年齡：_____

婚姻狀況：結婚____年，□同住 □離婚 □分居 □暫不同住

身體暴力

1. 最近一次發生的暴力事件是何時？_____

   如何發生的？_____

   受傷情形：_____

2. 描述最糟糕的一次暴力行為。何時發生？_____

   如何發生？_____

   受傷情形：_____

3. 第一次暴力事件何時發生？_____

   如何發生？_____

   受傷情形：_____

4. 發生的頻率如何？_____

5. 在妳的家庭中加害人還會對其他人有暴力嗎？□子女□娘家父母、家人□婆家

   父母、家人□其他_____

6. 加害人是否會對子女暴力相向？□否，□是_____

7. 兒童虐待是否曾被通報？□有，機構_____社工：_____□無

8. 妳的先生接受認知教育課程後是否有改善？□無 □有，例如_____

暴力項目

	上課前	上課後		上課前	上課後
打、推、拉扯、捶、 撞、摔、踢、抓頭髮、 咬、勒（圈出項目）	☐	☐	孤立妳、限制行動	☐	☐
			控制金錢、車或其他 物品，例如＿＿＿＿	☐	☐
騷擾	☐	☐	當眾羞辱妳	☐	☐
跟蹤	☐	☐	摔東西	☐	☐
批評	☐	☐	有外遇	☐	☐
責罵	☐	☐	說謊	☐	☐
侮辱	☐	☐	不聽妳說話、忽視、 冷漠	☐	☐
惡意中傷	☐	☐			
咆哮、大聲吼叫	☐	☐	監控	☐	☐
威脅	☐	☐	他是否有武器？	☐	☐
用小孩或寵物脅迫	☐	☐	強迫妳性行為？	☐	☐
破壞物品	☐	☐	性暴力	☐	☐
嫉妒	☐	☐	性虐待	☐	☐

其他：＿＿＿＿＿＿＿＿＿＿＿＿＿＿＿＿＿＿＿＿＿＿＿＿＿＿＿＿

藥酒癮

1. 他有酗酒習慣？☐無　☐已戒除　☐有，幾年？＿＿＿＿＿＿
   服用情形＿＿＿＿＿＿＿＿＿＿＿＿＿＿＿＿＿＿＿＿＿＿＿＿
2. 他有藥癮行為？☐無　☐已戒除　☐有，何種藥物？＿＿＿＿
   服用情形＿＿＿＿＿＿＿＿＿＿＿＿＿＿＿＿＿＿＿＿＿＿＿＿
3. 他在喝酒服藥時或之後會有暴力行為嗎？☐會　☐不會
4. 他不喝酒服藥時或之後會有暴力行為嗎？☐會　☐不會
5. 他是否已接受戒酒或戒癮治療？☐有　☐無

<u>目前狀況</u>

1. 妳對目前婚姻之計畫為何？□維持婚姻　□離婚　□分居　□暫時分開住
　　□想分開　□其他_____

2. 妳曾否因為婚姻暴力與社福單位聯絡，或通報有關單位？□無　□有_____

3. 妳曾經為了婚姻暴力而接受社工員協助？□無　□有，社工姓名：_____

　　或進行個人諮商？□無　□有，諮商員姓名：_____機構_____

　　或參加受暴婦女團體？□無　□有，地點：_____名稱_____

倫理議題

　　美國學者 Austin 和 Dankwort（1998）調查全美各州政府對婚暴加害人處遇已訂定的準則，經過整理分類後，可歸納出這些準則對團體處遇領導者的倫理規範如下：(1)個人生活中無暴力行為。(2)無酒癮、藥癮問題。(3)在態度、語言、行為上並無性別歧視和責難受害者的情形。(4)必須具備足夠的婚姻暴力訓練二十四至四十八小時，且具有專業助人學位或證照資格，並在團體動力方面有足夠的專業訓練。

　　其他的重要議題，在美國各州政府所明訂婚暴加害人處遇標準中的決議可供我們參考：

　　◆超過二十七州的加害人處遇準則中，將團體處遇列為最適當的處遇方法。

　　◆有二十個州政府視個別處遇為不適當的措施（除非在特殊情形下）。

　　◆有二十五個州政府的準則中明訂以婚姻諮商做為初期處遇措施是不適當和危險的。

　　所以我們可看到美國大多數州政府對婚暴加害人處遇準則的規定，要求團體處遇領導者必須具備家庭暴力、團體動力、助人專業等嚴格訓練，施行處遇工作的過程中領導者不但具備性別敏感，還必須慎防個別諮商和婚姻諮商對受害者造成的傷害與危

險。相較我國許多從事家庭暴力的實務工作者的輕率態度和專業能力，真是天壤之別。

課程內容

　　婚暴加害人處遇因著團體領導者的訓練背景、對暴力的信念與看法而發展出不同的團體內容。本書所規畫的認知教育團體處遇內容，除了部分已在台北縣婚暴加害人團體處遇中實施完畢，基本上也參照美國各州對婚暴加害人團體處遇內容所規定的項目。

　　美國超過二十八州政府對婚暴加害人認知教育團體處遇內容規定必須包含下列項目（Austin & Dankwort, 1998）：

　　◆加害人能指認和承認自己的暴力和控制行為。

　　◆暴力是權利與控制的議題。

　　◆明瞭暴力對受害人（包括配偶或小孩）所造成的影響。

　　◆探究社會文化因素如何塑造加害人的信念和態度，使他產生暴力行為的選擇和行動。

　　◆加害人須意識自己的暴力行為非由受害者所引發而失控，自己必須為暴力負起責任。

　　◆學習非暴力、非威脅的行為方式。

　　由這些內容可看出，婚暴加害人處遇內容的重點並不在進行心理動力的分析，不在強調加害人過去的創傷經驗與治療，或進行加害人內在情緒感受的處理。本書後段「**實務篇**」所設計的團

體處遇內容與架構，即根據以上這些主要項目，參考國外幾個重要模式，例如 The Duluth Model、EMERGE、Men Stopping Violence 等，並斟酌國情，修改進行過程，以便適合我們不同階層及學歷程度的案主。

　　在本書「**實務篇**」中所設計的婚暴加害人認知教育處遇課程內容，依照內容的深淺度和議題的重要性來排列。第一階段有三個活動，焦點放在確認暴力及其影響，內容為：**團體形成、認識暴力，婚姻暴力對配偶的影響，婚姻暴力對子女的影響**。第二階段有八個活動，焦點放在為暴力行為負責，內容為：**暴力屋與安全屋、轉換內在自我對話、暫時迴避、我是一隻噴火龍——男性的情緒與表達、打破暴力循環、負責與防衛、擬定安全計畫、期中考核**。對於須參加認知教育處遇三個月的加害人來說，完成了第一階段和第二階段的課程應該已能清楚指認暴力並且為暴力行為負責，同時也學習了取代暴力的新方法。如果須完成三至六個月的認知教育課程，加害人則必須通過第一、二階段且表現出不再使用暴力的決心，才能再繼續第三、四階段的課程。

　　第三階段的課程有八個活動，主題為建立平等尊重的親密關係，內容為：**尊重平等的溝通、核對模糊不清的訊息、聆聽的藝術、處理自己的氣憤、處理配偶的氣憤和指責、處理親密關係中的衝突、修復與子女的關係(一)——與目睹婚暴的子女談婚姻暴力、修復與子女的關係(二)——接納並賞識你的孩子**。

　　第四階段有五個活動，主題為探索原生家庭與暴力之關係，內容漸具治療性且由淺至深依序為：**暴力經驗回顧、探索原生家庭暴力史、父親與我、由父母的眼光看自己、結業式**。領導者進

行第四階段時即可採用較自由和非結構的方式來引導，並且視團
體動力和成員參與、信任、和開放的程度來決定要進行哪些活動
和分享的深度。

第六章

婚姻暴力加害人
處遇效果評估

究竟認知教育團體處遇是否有績效，是許多司法界、社工界、醫療界人士和受害婦女都關心的問題。因為司法人員需要知道團體處遇是否真的能降低暴力行為與再犯率，才能確定是否要加害者參加認知教育輔導；執行團體處遇的工作人員必須進行團體績效評估才能做適當的調整和修改；許多受害婦女仍在婚姻或關係中，亦有必要知道處遇效果才能判斷自己的人身安全，及決定是否仍要維持婚姻關係。

　　雖然大家都急於想知道究竟處遇的效果如何，但至今仍是一團迷霧。因為進行加害人認知教育團體的效果評量有許多實質上的困難，Gondolf（2002）即指出這些困難有：

◆很難取得願意參與合作研究的加害人處遇方案。

◆外在情境的影響力不易掌控。

◆不易發展適合和實用的評估工具。

◆無法順利追蹤成員的狀況。

◆評量對象不能誠實準確回答問題。

◆探詢受暴婦女關於施暴者的進步狀況造成她們隱私被侵犯或引發她們的恐慌害怕。

◆究竟應評量暴力的哪些項目、如何評量工具的效度,至今仍有許多爭議。

雖然有以上這些困難,我們仍可由下列三個部分來思考如何進行處遇效果的評量。

處遇績效評量工具

判斷加害人參與認知教育處遇的效果可由案主自我評估、警政司法體系的再犯紀錄、與受害者聯繫的結果、上課表現評量等方式來進行。茲就案主自我評估、上課表現評量、與受害者聯繫三方面來加以說明:

一、案主自我評估

每次上課一開始,即可請案主運用表格:「**暴力及控制行為檢索**」(第 144 頁)和「**每週自我評估表**」(第 146 頁)來進行

案主的自我評量。但由於加害人對自己的暴力行為與態度常呈現否認和淡化反應，所以此項評估只能列入參考，評估目的主要不在衡量加害人的暴力行為是否有改善，而在於促進加害人對自己的暴力行為和進步情形有更多的覺察和體認。

二、加害人參與團體表現評估

在團體結束後，兩位領導者根據在團體中每位成員的參與情形，在「**認知教育團體參與評估表**」（第 124 頁）勾選出適當分數。由於此項評估是由領導者主觀的評量為基礎，故設計為七點量表，以減少偏見和印象的誤導。內容包括：(1)案主對團體的參與程度，(2)案主在團體中的行為與態度，(3)案主暴力行為、態度的改善，(4)案主參與團體整體評量分數，(5)評估者的其他意見。評估結果可提供家暴中心做為案主參與處遇方案績效之依據。

三、與受暴婦女聯繫

除了可評估受害婦女及子女之安全程度，提供可協助的資源與機構資訊外，還可以做為加害人參與處遇之後是否減低暴力行為之評量，見「**家庭暴力受害婦女訪談表**」（第 114 頁）。如果發現加害人違反保護令，或對子女也施暴，即可採取適當和必要的措施來保護受害人。此項聯繫工作如有專責社工來進行，則可根據受害婦女及子女的特定需求給與妥善安排。

認知教育團體參與評估表

成員姓名：_____

參加團體日期：____年____月____日至____年____月____日

參與度　　　　　　　　　　　　　　　　　　　低　　高

1. 主動積極參與課程議題 ………………………………1 2 3 4 5 6 7

2. 願意開放分享自己的經驗 ………………………………1 2 3 4 5 6 7

3. 會對其他成員提供回饋 …………………………………1 2 3 4 5 6 7

4. 能與其他成員互動接觸 …………………………………1 2 3 4 5 6 7

5. 完成作業程度 ……………………………………………1 2 3 4 5 6 7

6. 出席配合度（出席與請假） ……………………………1 2 3 4 5 6 7

7. 在團體中是心智清明的（無喝酒、嗑藥） ……………1 2 3 4 5 6 7

行為態度（在團體中）

1. 態度具控制性和自我中心 ………………………………1 2 3 4 5 6 7

2. 具備傾聽與了解能力 ……………………………………1 2 3 4 5 6 7

3. 配合課程進度與活動要求 ………………………………1 2 3 4 5 6 7

4. 能表達自己的感受與想法 ………………………………1 2 3 4 5 6 7

5. 常表示抱怨不滿 …………………………………………1 2 3 4 5 6 7

6. 表現出緊張與焦慮的情緒 ………………………………1 2 3 4 5 6 7

7. 有自我覺察和反省 ………………………………………1 2 3 4 5 6 7

8. 憂鬱沮喪反應 ……………………………………………1 2 3 4 5 6 7

9. 不耐煩、不在乎 …………………………………………1 2 3 4 5 6 7

10. 一致、穩定 ……………………………………………1 2 3 4 5 6 7

暴力行為的改善　　　　　　　　　　　　　　　　低　　高

　1. 能了解暴力行為的類型與內容 ……………………………1 2 3 4 5 6 7

　2. 願意承認自己有家庭暴力 …………………………………1 2 3 4 5 6 7

　3. 能指認出自己的暴力行為 …………………………………1 2 3 4 5 6 7

　4. 有改變自己、不使用暴力的決心與承諾 ………………1 2 3 4 5 6 7

　5. 承擔家庭暴力的責任，不歸咎他人 ……………………1 2 3 4 5 6 7

　6. 能明瞭暴力對家人／受害者之影響 ……………………1 2 3 4 5 6 7

　7. 能接受暴力行為違法的事實 ………………………………1 2 3 4 5 6 7

　8. 願意遵行保護令規定事宜 …………………………………1 2 3 4 5 6 7

　9. 學習正向、非暴力的相處與溝通方式 …………………1 2 3 4 5 6 7

　10. 能以非暴力的解決行動取代暴力 ………………………1 2 3 4 5 6 7

　11. 對受虐者的感受有同理心 …………………………………1 2 3 4 5 6 7

　12. 願意與配偶發展尊重與非暴力的關係 …………………1 2 3 4 5 6 7

　13. 能覺察自己的憤怒與情緒，並具備自制力 ……………1 2 3 4 5 6 7

　14. 能改變輕視貶抑配偶的態度 ………………………………1 2 3 4 5 6 7

案主參與團體整體評量為：進步改善程度 …………………1 2 3 4 5 6 7

評估者其他意見：

進行與受害婦女聯繫時，首重安全要件，如果這樣的接觸會使受害婦女陷於暴力的危險，即必須立即停止。事前亦需先徵求被害婦女的同意並強調保密原則。美國許多州都以受害人對加害人暴力行為的評斷做為處遇績效的重要指標。研究加害人處遇績效的學者也認為這是一種最有可信度的評量方法（Bennett & Williams, 2002）。

處遇績效評量項目

當我們在評量加害人處遇方案是否有績效時，需要考慮許多重要的相關因素。其中一項最重要的評估內容就是暴力和虐待是否已然終止，如同以上三種實用的評量工具所測量的。但除此之外，我們仍須由更寬廣的角度來看虐待的形式是否仍然持續。因為有些虐待的形式較為隱晦微妙，有些雖然稱不上違法，但卻具傷害力，所以必須檢驗除了身體暴力外是否還有其他虐待行為需要列入考核項目，才能看出加害人處遇是否真正達到效果（Tolman and Edelson, 1995）。

一、終止身體暴力

這常是判斷加害人處遇是否有效果的最基本指標。有些研究認為暴力行為的減少就是處遇成功，有些卻主張必須完全終止才算成功。因為如果只是暴力行為的減少，並不能消弭受害者對暴力的恐懼和威脅感。所以有些評估者也主張消除暴力的威脅感才

是重要的目標。但截至目前，會將暴力直接和間接的威脅列入評估範圍的評估者尚屬少數。

二、性虐待的停止

因為許多毆妻者對妻子有不同程度的性虐待（約有 **9%～14%** 的受虐婦女被迫有性行為），例如說色情笑話、要求伴侶從事她所不願的性活動、脅迫性行為等。

三、心理虐待的終止

除了身體暴力和威脅，毆妻者還有許多虐待和控制行為，包括對伴侶的隔離和傷害行為，例如情感退縮、不願傾聽、惡言惡語，和對伴侶的心理折磨、思想控制、刑求等。

四、分手暴力

在分手或離婚之中或之後，暴力的危險依舊持續，例如，Minnesota 警方報告，約有 **47%** 之受暴婦女仍持續被前夫或前男友暴力對待。這些分手的暴力行為，包括電話騷擾、探視小孩時被施暴者威脅或跟蹤、利用小孩為工具來接近受害者、在受害者工作場合中騷擾等。如果這些行為未被審慎評估，就不能斷定加害人處遇有績效。

五、提升正向和關懷的行為

許多加害人處遇方案，不但強調加害人終止暴力，還要強化親密關係中的正向行為：協商與溝通、開放的表達感受、正向親

職能力、分擔家務、傾聽與尊重等。

六、倖存者的福祉

加害人處遇的最終目標，不只是在終止虐待與暴力，還要能改善受暴婦女的生活。因此，受暴者的安全、生理和心理的健康亦是重要評估指標。

七、小孩的福祉

大約有 50% 的毆妻者同時也會虐待自己的小孩。被毆的母親會虐待自己的小孩為非被毆母親的二倍。在家目睹父親暴力毆打母親的兒童，亦顯示較多的攻擊、反社會、害怕、焦慮、憂鬱、壓抑的行為。至今我們尚未看到研究，是關於參與加害人處遇後對小孩的影響。如果加害人處遇是成功的，那麼毆妻者的親職技巧、溝通方式亦應有所改進，被毆母親的心理狀態也較健康。小孩不必再目睹家庭暴力，則能促進較佳的身心狀態。

八、婚姻功能的評估

雖然加害人處遇課程目的在終結虐待與暴力，但如果案主完成全部處遇過程，也可提升經營婚姻關係的能力與功能。在某些情況卻可能反而增加離婚的比例，因為妻子在先生停止暴力、不再壓迫她之後，反而感覺可以安全的提出分手的主張。所以婚姻功能是否有正向發展也是處遇方案是否成功的重要指標。

九、其他因素

　　能改善對虐待行為的信念與態度，並強化支持的、非暴力的信念與態度；能帶出人格的改變、降低心理症狀、停止酒藥癮的行為等。

　　由以上這些項目可知，評量一個處遇方案是否成功，必須看我們是如何定義所謂的績效，和所欲測量的內容。執政者和執法者重視實質上違法行為是否改善，但如果我們相信婚姻暴力或男性對女性的暴力有其社會、政治、文化的基礎，那麼除了消弭婚姻中具體的暴力行為，還要推動社會上更大更深的變革，才有可能確實減少暴力。所以婚暴加害人處遇方案目的在協助毆妻者改變對妻子虐待的態度和控制，並藉以達到對社會更大的正面影響。

加害人處遇方案究竟是否有效？

　　加害人是否降低暴力行為？是否會再犯？婚暴加害人處遇是否真的有績效？哪一種取向的處遇模式較有效？這些問題很複雜，研究結果也無定論。加害人處遇計畫在美國實施的結果有些顯示極有成效，有些則顯示效果不佳，因此尚待進一步研究與發展（高鳳仙，1998）。台北地方法院法官洪遠亮（2003）檢討英國、美國加害人處遇效果後，甚至質疑我國是否對加害人處遇未經深思熟慮即花費大量資源於其中卻無法收到實質效果。

Bartholomew, Mitchell, 和 Zegree （1997）針對加害人處遇方案實施的型式與時間長短綜合幾項研究結果後指出，處遇方案實施的時間越短，再犯率越高；處遇時間越長，效果越佳，再度施暴的比例則越低。值得注意的是，若逮捕加害人卻未進行後續處遇方案，再犯率不但不會下降反而急遽升高；而且讓加害人與被害人進行婚姻諮商後之再犯率為 100%（Lindquist, et al. 1983; Jacobson, et al. 1996）。但由於每個研究的加害人處遇，因著研究對象、處遇內容、評量項目、情境因素、評估再犯率的效度等諸多因素，彼此之間很難比較而得出確定結果。

Bennett 與 Williams（2002）對過去的研究做了討論和分析，指出雖然曾有將近五十多篇關於毆妻者處遇績效的實證研究，但只有四個研究曾進行實驗組和控制組的對照比較。實證性的研究不僅困難和花費龐大，來自社會、司法、警政、案主個人和家庭各方面影響更是難以掌握。因此至目前為止，它的效果並無一致結論，但可以肯定的是：

◆毆妻者處遇有些微小但卻顯著的效果，但如果毆妻者未完成處遇計畫，則再次被逮捕的次數為完成處遇者的兩倍。雖然較長的處遇計畫不見得對毆妻者呈現較佳的復健效果，但這些處遇可為受害者在安全上提供較正面的影響。

◆社區暴力防治體系中每一單獨機構所發揮的力量都是單薄的，例如，教育、警察介入逮捕、起訴、緩刑、受害者服務、其他處遇方案等，但最有效減少婚姻暴力的措施，則是社區中各機構網絡間整合和聯結的防護網。所以如果能集結統整社區中司

法、警政、醫療、社工等各方面的力量來防治家庭暴力，將可達
到最佳成效。

　　Gondolf（2002）針對美國四個婚暴加害人處遇方案進行一項
截至目前最完善、最符合研究實證精神的研究，經過長達四年的
追蹤，提出了令人振奮的結果：大多數的男性加害人會終止暴力
行為，且持續一段很長的時間。這些被研究的男性包括嚴重和輕
微的施暴者，並且都具備其他多重問題，如失業、藥物濫用、心
理困擾等。如果這些男性在參加處遇方案的三個月內即有再度施
行暴力的紀錄，那麼以後犯案的可能性即較高，傷害程度也較嚴
重。至於酒癮的加害人要立即戒除雖然很困難，但假以時日，加
害人仍能逐漸發展出減少使用杯中物的能力，他們的暴力頻率和
強度也會因著時間而降低。

　　雖然此研究結果是正向的，但須注意的是，研究發現仍有
20%之施虐者會持續虐待行為；暴力再犯者中半數仍會反覆施
暴，並且對受害者造成嚴重傷害。但是否與參加加害人處遇方案
有關，則無法定論。也就是這些再犯者是因為被要求完成加害人
處遇而惱羞成怒所以再度施行暴力，或者不論是否被要求參與處
遇都會再度犯案，則不得而知。

　　此研究另一項重要結果是關於加害人酒癮與暴力的關聯：酗
酒不會產生暴力，但二者之間卻有高度相關。每天喝酒的加害人
再犯率為很少或完全不喝酒的加害人的十六倍。但在此須強調的
是，酒癮並非婚姻暴力的肇因，二者之間並無因果關係。

　　研究者亦發現，加害人處遇方案的長短，不論是三個月或十

二個月,效果是不分軒輊的,即處遇長短對加害人行為的影響和
受害人對安全的觀感並無差別。

以上這些研究結果雖無法對加害人處遇效果有一致定論,可
以肯定的是加害人處遇方案在家庭暴力防治網絡中有其重要和顯
著的意義。但由於這些研究多在美國實施,不見得與台灣司法和
國情相容,所以中央主管機關應針對現行加害人處遇方案之內
涵、期間、型式、效能等方面進行實證性研究以發展完善的、本
土化的加害人處遇計畫。

結　語

婚姻暴力加害人處遇方案是否能成功,加害人是否能放棄暴
力,承諾無暴力的家庭關係,通常不是單一認知教育團體即能完
成的。重要的是能否在暴力防治系統中建立起責信的氛圍,每個
機構切實執行每一環節的任務,例如迅速要求加害人進入處遇課
程、未按照規定出席即執行違反保護令的法律程序、加害人參與
處遇狀況受到法院和警察的嚴密監督、受害人得到適當的保護和
服務、保護令的核發與執行能有效率等。

如果單靠婚暴加害人處遇方案的獨立作業,並無法達到終止
家庭暴力的目的。一項完整而深入的研究(Tolman and Edelson,
1995)也主張,警察的探視和逮捕,配合法院強制處遇,才是防
止家庭暴力的最有效方式。美國研究加害人處遇效能的著名學
者 E. Gondolf 也指出,犯罪司法系統的反應速度配合加害人進入

認知教育處遇的速度越快效果越好，而處遇內容如何則並不太重要（Healey, Smith, and O'Sullivan, 1998）。

然而這樣的目標在目前臺灣現況來看，似乎仍有很長一段路要努力。自八十八年家庭暴力防治法正式施行至今，全國各地法院核發的民事保護令強制處遇比例嚴重偏低（約 0.75%）（張秀鴛、韋愛梅，2001）。王麗容（2003）在「民事保護令成效之研究」中指出，被害人普遍認為保護令之核發可有效減輕受暴程度，但認為保護令的執行與核發效率仍待加強。至於警察執行保護令的情形，被害人則對暴力禁止令的執行滿意程度最高，對禁止再騷擾令滿意率為 52%。但其餘遠離令、遷出令、子女交付令發給的比例較低，但如經核發，滿意率僅五成左右。對於法官核發保護令的效率，被害人多表不滿。依規定，暫時保護令應在四小時內核發，但只有 21% 的案件符合此規定。甚至有三分之一以上是在二個月以上才拿到保護令。

相較於美國緊急保護令五分鐘即准予核發，暫時保護令只要三十分鐘（Carbon, 2002），我國緊急保護令平均 2.89 日才核發，暫時保護令為 23.23 日，通常保護令則需 48.4 日才予以核發。依據家暴法規定，緊急保護令應於四小時內核發，近年來核發時間卻有長達四十日，顯示保護令無法發揮立即保護被害人的效果（高鳳仙，91.11.23 民生報）。

在實務工作中，也常有受害人反映法院核發保護令效率太低，拖延期過長，而失去保護令的保護精神；警察在執行保護令時亦常放水或草率為之；多數加害人在保護令中未強制認知教育處遇而不能體認自己的責任。因此要落實家庭暴力防治工作，需

依賴各領域專業人員的力量共同支援合作。藉由司法、警政、社政、醫療、教育、輔導等六大系統之間，相互協調監督，切實發揮作用（陳慧女等，2002）。並加速修法，增加司法監督功能以結合加害人處遇計畫；中央主管機關宜應針對戒癮治療、精神治療、心理輔導、認知教育輔導等各處遇方案之目標、流程、準則、內容、績效明確公告，使法官裁量時有所依據（洪遠亮，2003），相關專業人員及社會大眾才能針對不同需求，善用此項資源。這樣才能使婚姻暴力加害人處遇發揮最佳效力，讓受暴婦女和子女的生命安全得到最大保障。

實務篇

第一階段

確認暴力行為
及其影響

❧活動一❧
團體形成、認識暴力

課程目標

◎參與成員和團體領導者相互認識，建立團體規範。

◎認識暴力的類型與內容。

◎提升成員對暴力的自我負責。

課程內容

一、領導者介紹自己，並說明認知**教育團體**的目標、原由、內容。

二、參與成員相互認識並說明如何來到此團體。

三、領導者說明團體規範，請成員在「**認知教育團體規則同意書**」上簽名。

四、領導者介紹暴力行為的類別與內容。

五、成員在「**暴力及控制行為檢索**」勾選符合自己的項目。

六、說明作業：使用「**暴力及控制行為檢索**」來檢核自己一週的行為。

進行方式

一、領導者先自我介紹，然後介紹此團體：

這個認知教育團體的目的，在協助大家終止對配偶或小孩的暴力，包括對他們身體、心理和情緒上的傷害或是威脅、控制等任何形式的不當對待。

由於各位都是由法院裁定保護令必須接受認知教育輔導而來此團體，所以我們會在團體課程中一起去探討你做了哪些行為，及這些行為對配偶的影響。也就是我們會一起努力來改變你自己的行為，而不是改變她的行為，因為每個人都只能掌握自己的行為，無法改變別人。你們的看法如何？是否同意？（給大家一段時間討論。此時成員即會產生許多對領導者、法院、配偶、家暴法、保護令……各種不滿、批評。領導者只須聆聽即可。然後要表達欣賞成員能排除萬難參與此團體，並強調踏進此團體的勇氣和決心是值得讚賞的。）

男性在我們的社會中，從小就學到要用暴力和憤怒來解決問題和對待女性，這是學習來的，所以我們也可以學習其他的新方法來代替暴力，否則我們就會因為暴力而付上極大的代價。雖然這是一個困難的學習過程，但只要你願意改變，並且放棄暴力與傷害，就一定可以有不一樣的人生和親密關係。

二、領導者邀請每位成員簡單介紹自己及來此團體的原由，即為什麼會來到這個認知教育團體，一人兩分鐘。領導者在成員描述自己來團體的經過時，要將焦點放在每位成員所做的行為和

暴力上，而不要迷失在複雜的故事細節中。如果成員的說明停留在配偶的所言所行上、是她們造成自己的憤怒和暴力時，領導者則可中斷談話，溫和的面質他：「請你只談自己做了哪些事使你來到這裡」。這樣成員才能了解在此團體中，配偶的言行不能成為自己為暴力卸責的藉口。

三、領導者使用「**認知教育團體規則同意書**」（第143頁）來說明參與此團體的基本規範。領導者（或請成員）逐字唸出同意書上的每一條規範，再請成員提出不清楚、不同意的部分，加以充分討論和說明，再請成員完成簽名和日期，然後交給領導者存檔。

四、什麼是暴力？領導者可給團體成員下面的定義（根據EMERGE 婚姻暴力加害人處遇方案）：

> 暴力是：
> ・強迫對方去做她不想做的事。
> ・會使對方害怕的行為。
> ・阻止對方做她想要做的事。

再請成員根據此定義提出暴力行為有哪些，由領導者寫在白板上。再將這些行為分類整理而歸納為下列幾種類別：〔如果成員拒絕表達，領導者則可根據下列內容寫在白板上或發下**講義1-1：什麼是暴力**（第147頁）〕。

(一)身體暴力

打、推、勒、搯、踢、咬、捶、抓頭髮、摔、戳、用武器傷害、壓倒在地、拿東西丟、強暴、扭轉手臂、用刀割傷、以繩綑綁、打耳光、拍打等。

(二)恐嚇威脅

威脅要殺她、威脅要殺小孩或家人、威嚇的動作、拿武器恐嚇、吼叫、嚴厲責罵、虐待她的朋友或親人、虐待寵物、開車衝撞、威脅同歸於盡、敲打牆壁、傷害自己、破壞她的東西、用經濟威脅、施壓給她、不理她、嘲笑諷刺、騷擾她、給她難堪、當眾羞辱、跟蹤她、監聽電話等。

(三)孤立隔離

堵住她的出路、不准她出門、不准她交朋友、不准她與他人聯絡或說話、弄壞她的車、扣留車鑰匙、把她鎖起來、不分擔家務、吃醋嫉妒、故做不實指控、不准她用電話、不准她做某些事、把她鎖在外面、不准她去工作、不准她參加某些團體等。

(四)語言暴力

批評挑剔、否定她、指責怒罵、轉移話題、諷刺嘲笑、用髒話罵她、取不堪入耳的綽號、在眾人面前說她不是、用不屑的言詞等。

五、請成員在「**暴力及控制行為檢索**」（第144頁）上勾選圈出自己曾有過的暴力行為。並在團體中說明。一旦成員可指認出這些行為，領導者即要給與欣賞和肯定：**這是你第一次在眾人**

面前承認自己的行為是傷害和暴力的，這樣做需要極大的勇氣。
真不簡單！

　　同時要鼓勵每位成員，不論是否仍在婚姻中，現在決定終止
暴力行為都是值得努力的。

　　六、作業說明。領導者簡單介紹團體進行的流程，每次上課
都會準時開始，每次兩小時。團體開始時會有三十分鐘的簡報
（check-in），每位成員須就一週來所使用的暴力行為在團體中
報告，亦要分享在一週內曾經有成功控制暴力行為的經驗〔可參
考「**每週自我評估表**」（第 146 頁）〕。

　　接著會有約八十分鐘的課程時間，每次有不同的主題，最後
用十分鐘時間結束團體。

　　每週上課結束後，成員皆須使用「**每週自我評估表**」（第
146 頁）或「**暴力及控制行為檢索**」（第 144 頁）在一週內檢查
自己的行為，並在下週上課一開始即報告自己的狀況。所以本週
作業即為在此表格中找到過去最常使用的項目及本週曾使用的行
為。

認知教育團體規則同意書

我＿＿＿＿＿＿＿＿（姓名）參與「家庭暴力認知教育團體」，且同意下列幾項團體規範：

1. 我將不再使用暴力、虐待、控制、羞辱的語言和行為來對待配偶和家人，並會學習尊重他們的需要和感受。
2. 我會積極參與此課程，包括開放誠實地分享我的暴力行為，並完成此課程的作業與要求。若我做出暴力行為，將在下週團體聚會中報告。
3. 課程負責人或機構工作人員會在課程進行時期與配偶或曾遭受暴力者訪談，且訪談內容不公開。
4. 參與課程時期我會完全維持心智清醒狀態，不會飲酒或服用癮藥。
5. 我願參與此認知教育團體課程共＿＿＿＿小時，且遵守下列規定：
   (1)請假必須於二十四小時前完成。
   (2)遲到二十分鐘即視為曠課，該次缺席。
   (3)無故缺席二次或請假超過三次即必須終止此課程，並回報法院。請假者亦須補課。
6. 我了解若工作人員認為我有傷害他人或暴力侵害之疑慮時，將會通知相關單位及可能受傷之對方。
7. 社會局和法院將取得我參加此課程之出席、參與狀況之報告。
8. 對於團體相關之工作人員不得有任何威脅恐嚇及暴力行為。
9. 在此團體中所分享的個人經驗和資料，我會負責保密。
10. 參加團體的費用我會按時繳清。

下列的簽名表示我已充分了解以上內容，且有機會提出問題並得到說明。

簽名：＿＿＿＿＿＿＿＿＿＿＿　　日期：＿＿＿＿＿＿＿＿＿

暴力及控制行為檢索

姓名：_____　日期：_____

請勾選出你曾使用過的項目，並將特定的行為圈出：

身體暴力

☐ 打、推、撞、捏、**捶**、抓、踢、勒、摔、扯頭髮、咬、打耳光、拿東西丟她、扭手臂

☐ 強暴，或用武力、威脅以強迫發生性行為

☐ 使用武器刀具（或放置家中）以威嚇她

☐ 破壞家具、東西；虐待寵物；毀損她的東西

☐ 恐嚇威脅的動作：打牆壁、敲桌子或身邊的東西、堵住她的出路、開車衝撞、生氣的凶暴動作、虐待小孩等

☐ 拘禁孤立她：限制她的行動、不讓她出門、把她鎖在屋內、不讓她打電話、拿走車和車鑰匙等

☐ 騷擾監視她：未經同意的造訪或電話、跟蹤她、拒絕離開、糾纏等

☐ 對孩子做出以上行為

☐ 其他，請具體寫出_____

_____

情緒和語言虐待

☐ 吼叫、責罵、咆哮、咒詛、批評、侮辱、諷刺、貶抑、嘲笑、指控、用髒話或不屑的字眼罵她等

☐威脅施壓逼她做決定、使她內疚、用孩子脅迫她就範、威脅不給她生活費、教唆朋友反對她、用婚外情要脅她、當眾給她難堪等

☐對她冷漠、拒絕；不在乎她的感受；擺臉色；忽視她的存在；忽冷忽熱；否定她的權利和意見；不聽她說話、不理她、轉移話題

☐自以為代表真理、權威，控制她的思考邏輯，要她放棄自己的想法和觀點，不許她有自己的信念和宗教

☐說謊、不忠實、有婚外情（或婚外性關係）

☐使她隔離孤立：不准她與親友見面說話、批評否定她的朋友、做出吃醋的指控或言論、當她出門或工作時不照顧小孩、不准她有自己的休閒和興趣、不讓她出門等

☐經濟控制：扣住信用卡／錢／車；用錢買醉、嗑藥、欠債；不當投資；賭博；利用法律抵制她的經濟

☐使用色情令她難堪：雜誌、A片、鋼管秀、去酒店、色情交易

☐不協助家事、不分擔育兒工作，或答應後不履行；不許她工作

☐不照顧自己的身心健康：有酒藥癮、深夜不歸、有健康問題、不尋求協助

☐對孩子做出以上行為

☐其他控制行為，請具體寫出＿＿＿＿＿＿＿＿＿＿＿＿＿＿＿＿＿＿＿

＿＿＿＿＿＿＿＿＿＿＿＿＿＿＿＿＿＿＿＿＿＿＿＿＿＿＿＿＿＿＿

〔李開敏、成蒂改寫自美國麻省波士頓之 Counseling and Education to Stop Domestic Violence（2000）. Emerge Batterers Intervention Group Program Manual〕

─── 每週自我評估表 ───

姓名：_____　　日期：_____

1. **這週的進步**：請描述這週以來，你是否有些改變？是否有欣賞自己的地方？是否有些處理暴力的有效行動？

2. **上週你是否對他人有暴力及控制行為**（請使用「**暴力及控制行為檢索**」）？不須描述對方的行為和引發暴力的原因。

   (1)我勾選了哪些項目？

   (2)我的行為對他人的影響為何？

   (3)對我的影響為何？（例如家庭、工作、人際關係、心情、自信心等方面）

3. 我從上週的課程和作業學到哪些新東西？對我有何啟發和意義？我又有何新發現？

4. **上週作業**是否已完成？　□是　□否

講義 1-1　什麼是暴力？

暴力是：

- 強迫對方去做她不想做的事
- 會使對方害怕的行為
- 阻止對方做她想要做的事

一、身體暴力

打、推、勒、掐、踢、咬、捶、抓頭髮、摔、戳、用武器傷害、壓倒在地、拿東西丟、強暴、扭轉手臂、用刀割傷、以繩綑綁、打耳光、拍打等。

二、恐嚇威脅

威脅要殺她、威脅要殺小孩或家人、威嚇的動作、拿武器恐嚇、吼叫、嚴厲責罵、虐待她的朋友或親人、虐待寵物、開車衝撞、威脅同歸於盡、敲打牆壁、傷害自己、破壞她的東西、用經濟威脅、施壓給她、不理她、嘲笑諷刺、騷擾她、給她難堪、當眾羞辱、跟蹤她、監聽電話等。

三、孤立隔離

堵住她的出路、不准她出門、不准她交朋友、不准她與他人聯絡或說話、弄壞她的車、扣留車鑰匙、把她鎖起來、不分擔家務、吃醋嫉妒、故做不實指控、不准她用電話、不准她做某些事、把她鎖在外面、不准她去工作、不准她參加某些團體等。

四、語言暴力

批評挑剔、否定她、指責怒罵、轉移話題、諷刺嘲笑、用髒話罵她、取不堪入耳的綽號、在眾人面前說她不是、使用不屑的言詞等。

五、性暴力

違反對方意願強迫有性關係、強迫她看色情書畫或影片、婚外性行為、嫖妓、打色情電話、強迫她做不喜歡的性活動。

（改寫自 EMERGE Batterers Intervention Group Program Manual, 2002）

❀活動二❀

婚姻暴力對配偶的影響

課程目標

◎明瞭和指認自己的暴力對配偶的傷害與負面影響。

◎協助成員對受害者的感受有更多同理與了解。

◎探索暴力對個人的自我價值、生活、婚姻的傷害。

課程內容

一、引導每位成員思考自己的暴力對配偶或伴侶之影響，並記錄下來，團體一起討論。

二、由這些負面影響來看自己的親密關係及個人的自我價值會如何發展。這些結果是否為自己所期待的。

三、作業。

進行方式

一、領導者進行完團體簡報，即說明此次上課內容和主題：

今天我們要一起來了解自己的暴力會如何影響我們的配偶與親密關係。以前你可能把注意力放在她怎麼激怒你，所以你才動手。你會認為自己動手都是她造成的，這樣的想法會使你不想去面對暴力行為，而且忽略了暴力對她的傷害。同時你也要為此付

上極大的代價,例如她無法再與你生活下去,你們的關係很難再維持,你也會覺得自己是個失敗的人。所以現在請你利用這個機會好好思考一下,你打了她之後,對她有什麼影響?造成什麼傷害?

接著請成員一一表達他們想到的傷害,領導者在白板上寫下每一個成員所說的,例如:

身體受傷	憤怒	沒有安全感
內傷、內在器官受傷	沒自信	無法專心
不快樂	絕望	無心照顧小孩
害怕、恐懼	想自殺	思考紊亂
不愛我、恨我	惡夢	想離婚

…………

領導者可加以整理,摘要說明幾項最重要的影響為:

㈠配偶會產生許多強烈的負面情緒,如害怕、憤怒、絕望,或想反擊。「你能想像她有多憤怒嗎?」「你知道她有多怕你嗎?」「她這麼害怕、憤怒,可以讓你們有好的關係嗎?」「你讓她這麼恨你,怎麼可能有溫暖的家庭生活呢?」「她對你已完全絕望了,她如何能再對你好呢?」「她因為老是挨打,為了救自己,也不得不反擊。」

㈡配偶會陷入一種矛盾糾結的痛苦中,例如又愛又恨、想要此婚姻又想離開、對婚姻覺得困惑又無助、對你有時放不下有時又想放棄等。

㈢**配偶會因被傷害、被虐待而失去自信、能力、生活功能，以至於無法正常的工作，亦無法做好母親和妻子的角色。**有時女性還會產生憂鬱症、身體病痛、情緒困擾等症狀。

如果成員抗拒去參與此活動，也不願探索個人暴力對配偶的影響，領導者可給與一份「**講義 2-1：婚姻暴力對婦女的影響**」（第 152 頁），並依照講義進行說明。再請每位成員回想自己的配偶有哪些反應符合這些項目。

二、完成上述整理後，接下來領導者可引導更深入的討論，且將焦點放在下列問題之探討：

◆ 在暴力發生前後，配偶對加害者的反應態度有何不同？婚姻關係在暴力發生前後有何變化？

◆ 加害者的暴力對配偶除了造成傷害之外，還讓配偶對加害者的態度、感受、對婚姻的態度和感受造成何種轉變？

◆ 加害者的暴力是否可達到安全和樂的家庭關係？還是造成阻礙？

◆ 加害者的暴力可否使自己感到自信或滿意？還是使自己更失望、更挫折？

三、作業：

㈠本週仍要使用「**暴力及控制行為檢索**」（第 144 頁）或「**每週自我評估表**」（第 146 頁）來檢查自己的暴力行為。

㈡有小孩的成員請完成「**作業 2-2：婚姻暴力對子女的影響**」表格（第 154 頁）。

講義 2-1 婚姻暴力對婦女的影響

遭受婚姻暴力的婦女來自社會各階層。有時她們就出現在你的身邊,有時是你的配偶、你的母親、姊妹、朋友、同事。大多數的婚姻暴力受害者是女性,她們在發生婚姻暴力之後常受到很大的傷害和影響。但她們是無辜的,也是不願被毆打的,她們也有權利能平安健康的活下去。

遭受婚姻暴力的婦女,根據研究報告會有下列的反應:

◆ 婚姻暴力造成受害婦女在心理上、身體上無可彌補的創傷。這些創傷反應在受害婦女的情緒上最明顯的是:恐懼感、不安全感、不信任、憂鬱、沮喪、無助、絕望、罪惡感、憤怒等。

◆ 婚姻暴力受害婦女由於承受極大的暴力威脅的壓力,也會在健康上受到負面影響,所以會有憂鬱症、精神官能症、免疫力降低、頭痛失眠、慢性疾病、消化系統病症等。

◆ 婚姻暴力受害婦女常因身心壓力、健康問題、婚姻壓力而影響認知功能,注意力、思考能力、記憶力、推理能力皆降低,導致無法專注工作,工作效率降低,甚至失去工作。

◆ 婚姻暴力受害婦女很多都是重視婚姻與家庭生活的,因此常在發生暴力事件後陷入矛盾情緒中——由於深愛孩子和先生,但又在暴力中身心受創。所以一方面想離開暴力關係,另一方面又放不下婚姻和小孩,因此衝突不已。

◆ 婚姻暴力受害婦女常受到強烈羞恥感的煎熬，她不敢告訴親友自己的遭遇，也怕他人會發現受虐的事實而孤立自己。有些婦女還會因婚姻暴力而受到娘家或婆家的指責與排擠，而感到更加無力和自卑。

作業 2-2 婚姻暴力對子女的影響

填表人姓名：　　　　　　　　填表日期：

子女姓名與年齡：

情境	小孩會有何感受？	小孩會因此學到什麼？
1. 你是否曾在孩子面前責罵、羞辱配偶？最後你們是如何解決爭吵的？這樣對小孩會有何影響？		
2. 你是否在孩子面前毆打配偶？配偶是否因此受傷、害怕、難過？這樣對小孩有何影響？		
3. 你是否曾威脅配偶「要帶走小孩」、「要傷害小孩」、「不准她見小孩」？這種威脅對小孩有何影響？		
4. 你是否曾經想在小孩睡著後或不在場時才對配偶責罵或毆打？為什麼？你的計畫成功了嗎？		
5. 你是否曾在公開場合或親友面前羞辱配偶，藉此來「教訓」她？		

6.你是否已發現孩子出現一些特殊狀況？不尋常的情緒反應？困
　難的行為問題？

　□恐懼、害怕　　　□焦慮、緊張　　　□不快樂、憂鬱、沮喪
　□孤獨、寂寞　　　□無精打采　　　　□不專心、易分心
　□不想上學、逃學　□行為偏差　　　　□易怒、衝動
　□常與人衝突　　　□功課退步　　　　□惡夢、尿床、睡眠問題
　□哭鬧增加　　　　□性問題　　　　　□藥癮問題
　□其他＿＿＿＿＿＿＿＿＿＿＿＿＿＿＿＿＿＿＿＿＿＿＿＿＿

7.如果你已覺察孩子的不尋常反應，表示你是關心愛護孩子的父
　親。接下來的問題是，你打算繼續這樣下去嗎？還是你可以為
　孩子做些改變，減少對孩子的負面影響？你願意做的改變是…

（改寫自 Fall K. A., Howard S. and Ford, J. E. (1999). Alternatives to domestic violence. MI:
Edward Brothers）

💐活動三💐

婚姻暴力對子女的影響

課程目標

◎促進加害者明瞭婚姻暴力如何傷害影響小孩。

◎提升加害者為暴力負起責任的態度。

課程內容

一、每位成員完成個人暴力行為對子女的影響之探索。

二、領導者說明暴力對小孩的影響。

三、協助每位成員為自己的小孩承擔暴力責任並做改變。

四、作業。

進行方式

一、團體簡報完畢之後，領導者則帶領大家進入今天的主題：「**婚姻暴力對子女的影響**」。許多人在探討此主題時，常會說：小孩不知道我們有吵架；小孩根本不知道發生什麼事；小孩不會受到影響的……，來否認目睹暴力的兒童身心亦會受到暴力的傷害。

也有人會淡化此傷害，強調他都是趁小孩睡著或不在場時才會毆打妻子，目的是「保護」小孩或避免小孩受到影響。然而研

究卻顯示，婚姻暴力中的小孩會受到極大的傷害和影響。

　　現在請仔細閱讀「作業 2-2：婚姻暴力對子女的影響」（第 154 頁）表格中你所填寫的內容。請你誠實的回答，或許你會在此過程中覺得有些丟臉和尷尬，但唯一能幫助你和孩子的方式就是為你自己的暴力行為負起責任，而且正視對孩子的傷害。請每位夥伴唸出你自己的答案，並且與大家分享。我們由第一題開始。

　　每位成員逐一分享完一題後，再繼續下一題，直至此表格都完成。

　　領導者對每位完成表格並分享的夥伴須給與支持和肯定，並邀請成員間彼此欣賞和鼓勵。尤其針對成員對孩子所流露出的關心和善意，更要具體指明並給與正向的回應。

　　二、領導者運用成員所分享的內容做摘要和整理。若成員在團體中被動消極，則可利用其他講義做為補充和結論，見「**講義 3-1：目睹婚姻暴力之兒童及其發展**」（第 159 頁）。

　　三、接下來再請成員表達他們看到這些影響後，自己內在的感受和想法。在父母暴力婚姻下長大的小孩，他們會直接受到許多身心傷害，如果你想掩飾和隱藏這些暴力不讓他們看到，他們還是會感受到家庭中的緊張和壓力。當他們目睹母親被父親暴力威脅或受傷，他們亦會感覺創傷，並在成長過程受到極大的負面影響。

　　所以現在我要邀請大家去面對這些傷害和影響，針對自己的暴力行為做些改變。即每位成員可做個選擇，是否要繼續讓小孩在這樣的家庭氣氛中成長，還是你可以開始營造不同的環境給孩

子。請每位夥伴談談自己的決定。

四、作業

㈠閱讀「**講義 3-1：目睹婚姻暴力之兒童及其發展**」（第 159 頁），並指出自己的孩子所顯示相符的現象。

㈡使用「**暴力及控制行為檢索**」（第 144 頁）或「**每週自我評估表**」（第 146 頁）來檢查自己的行為。

講義3-1 目睹婚姻暴力之兒童及其發展

（摘自周月清著《婚姻暴力》，pp. 93-97）

根據 Fantuzzo 與 Lindquist（1989）的文獻探討研究發現，目睹父母婚姻暴力兒童所受之影響，可分成下列五大方面來分析：(1)外在行為問題；(2)內在情緒問題；(3)社會功能發展問題；(4)智力或學業問題；及(5)身體發展問題等。

1. 外在行為問題：這些兒童比較有攻擊性行為，如和兄弟姊妹、同學打架。
2. 情緒問題：如心情低落、有自殺傾向、害怕、焦慮、恐懼、憤怒、失眠、尿床、抽筋。其中焦慮是很普遍的現象。
3. 社會功能：社會表現能力（如角色勝任）比一般兒童差。
4. 智力或學業：上課不能專心，影響課業。
5. 身體上：語言發展或認知學習都比一般兒童低。

來自暴力家庭的兒童同時也是受害者，這對他們可能帶來以下的負面影響（Goodman and Rosenperg, 1987）：

1. 他們可能也是受虐被毆的對象：超過半數以上有暴力家庭的兒童，往往也是受虐對象，如當比較年長的小孩看到母親被父親毆打時，想要去攔阻拯救母親，往往也會成為被父親毆打的對象。
2. 目睹會帶來新的情緒和心理上的恐懼：無論這些孩子是否

被打，但當其目睹父親毆打母親的景象，往往會帶來情緒上與心理上的恐懼。

3. 他們會因此自責：孩子原本應該是在一個安全、有愛的地方成長，而來自一個有暴力家庭的兒童，恐懼、焦慮及複雜的心理將取代原本來自父母的愛、舒服及被關照的需求，生活在一種經常性的害怕中，目睹其所愛及照顧他們的人被打，他們會有罪惡感，責怪這是他們所引起的。

4. 他們在社會行為的發展上會有困難：來自暴力家庭的兒童，因長久處在恐懼、沒有安全感的生活經驗裡，造成他們在語言發展上，或在與人相處的社會行為上出現障礙。

5. 他們可能成為不良青少年：這些兒童將來很可能會有酗酒、藥物濫用或成為不良少年的傾向。

6. 受到代間循環影響：他們可能受目睹暴力的影響，而成為未來使用暴力的施虐者或受虐者。

根據香港和諧之家（1990）的資料，生活在婚姻暴力下的兒童會有以下四種負向反應：

1. 常感恐懼、沒有安全感，或者顯示出強烈的依賴性。

2. 會有心理和情緒上的困擾，而常有孤獨離群的反應。

3. 會模仿成人的暴戾行為，喜歡做出破壞和搗亂的反社會行為。

4. 會學習以虐待他人作為宣洩情緒的方法，以至於長大後可能成為虐妻的施暴者。

第二階段

為暴力行為負責

暴力屋與安全屋

課程目標

◎拓展加深成員對各種型態暴力之理解與覺察。

◎引導成員對家庭生活發展正向願景。

課程內容

一、認識「**暴力屋**」內每部分的暴力行為及影響

二、認識「**安全屋**」內每部分的正向行為。

三、邀請成員選擇自己想要的家庭願景。

四、作業。

進行方式

　　一、團體簡報完成之後，領導者將事先畫在海報紙上之「**暴力屋**」（第174頁）拿出掛好，說明每一個房間的內容與意義。在介紹的過程中，也要時常重複詢問團體成員：

　　◆你會想住在這樣的房子中嗎？

　　◆這是你想要的家庭或婚姻嗎？

　　◆住在這個房子內的人感覺如何？

◆你可以在心裡思考你現在住的房子有些房間是不是與這些房間有相似之處？

◆你可在心中回想，在成長的過程中，是不是自己小時候的某個時期也有些房間像是這樣？

◆這些房間是可以改變的，而改變的主權完全在你手中，你想要怎樣的不同？

㈠**身體的暴力**：只要是對他人進行身體的攻擊或傷害皆屬於此類別。例如，踢、打、推、摔、勒、抓、咬等，成員可指認的任何暴力行為都可加在此格中。

㈡**語言和情緒的暴力**：在語言上使用批評、挑剔、罵髒話、用不堪的字眼罵人、斥責、咆哮、羞辱、當眾給她難堪、鄙視、故意忽視她的存在、諷刺嘲弄、冷漠沒反應等。

㈢**社交隔離**：剝奪對方行動自由和與外界接觸的主權。有時候我們會刻意不允許配偶發展自己的朋友圈和生活觸角，為的是要留她守在家中，而不希望她變得獨立自主。因為男人心中會害怕女人因此就不再需要他、依賴他，這樣也會顯得男人不重要、沒有能力。

㈣**脅迫恐嚇**：威脅要傷害她、離開她；強迫她做違法或違背意願的事；強迫她撤銷告訴或保護令；用小孩來脅迫她；恐嚇她要給她好看、對她不利，做出令她害怕恐懼的動作或表情；砸壞東西、虐待寵物；拿兇器恐嚇；威脅要傷害娘家的人等。

㈤**虐待小孩**：對小孩在肢體、情緒心理、性方面的暴力；或利用小孩成為夫妻間權力爭奪的工具；讓配偶覺得對不起小孩而

有罪惡感；利用對小孩的探視權騷擾她、威脅要帶走小孩或傷害小孩。

㈥**男性特權**：利用男性優勢壓迫她；待她有如主人對僕人使喚、專斷男女角色之界定；由男性來主導、支配親密關係；男性主導家庭婚姻中之重要決定而配偶無權過問；男性強勢的態度可索求性及生活上的服務、休閒生活的安排、經濟大權的主控，而配偶無權過問也無相對平等的權力；男性可為所欲為，女性只能服從；男性可以擁有自由自主，女性只能奉獻犧牲在家照顧小孩和公婆。

㈦**靈性的控制**：控制配偶無靈性追求的自由、並堅持自己的宗教信仰才是最正確和唯一的；以自己信仰的準則做為一切的標準來衡量、要求配偶的言行，否則即給與嚴苛批判和責難；貶抑輕視配偶的宗教信仰、鄙視她修行的同好與夥伴。

㈧**性虐待**：違反配偶的意願，強迫她發生性接觸或進行她不想要的性活動。最嚴重的就是強暴，其次如性騷擾、性語言、性笑話，或強迫她看色情影片或書報。只要她覺得你所要求的性活動是不舒服和不被尊重的即為性暴力（這是臺灣許多男性最不能同意的部分，因為在中國的文化中，女人為男人從事性服務、在親密關係中妻子滿足丈夫的性需求也是天經地義的。所以所謂的性暴力在此會引發極激烈的討論）。

㈨**「暴力屋」屋頂呈現的是權力與控制**：在「暴力屋」中，由於每個房間內各種型態的傷害，使得施暴者在家的權力與控制，即家的屋頂得以被支撐。雖然每個房間內的行為目的並非如此，但深入去探討可看到男性最終所要的是對女性角色的期待得

以實現，在內心深處想要女性能做到自己要求的，而可得到男性的權力與地位。所以每個房間內所發生的事正支持這種目標的實現。

　　㈩**感受**：在以上的房間中發生了各種各樣的行動之後，會產生的感受和情緒為何？請成員指出配偶和小孩的感受，可能大部分都是負面的，就會沈積在象徵性的基底層而成為房子的基礎。這樣的基礎是堅固的嗎？如果是非暴力、非虐待的、正向的基礎會有何不同？誰要對這些感受的基礎負責任？誰可以改變這樣的基底層？如果好好清理這部分，而放入一些正向的、滋潤的感受，要如何完成？結果又有何不同？這些問題可刺激成員思考他是否要有不同的家庭願景，他的家庭是否願意被標籤化為「**暴力屋**」？

　　如果成員可以開始想像與「**暴力屋**」不同的家庭、婚姻的願景，就會有新的視野和觀點來看自己與周遭的環境，亦可產生內在不同的動力來形成改變的契機。

　　二、領導者開始介紹「**安全屋**」（第 169 頁）中的每個房間，如果時間許可，則邀請成員針對不同的房間來表達自己的看法與想像，或由每個成員認領一個房間，來說明自己在此房間內要如何經營、如何表現，才會符合此房間內之標題，而其他房間內的成員則可支援、補充、提供不同的點子。領導者則將每個人的反應和意見寫在海報上已畫好的「**安全屋**」內。

　　如果時間不允許，領導者可請成員將講義帶回去當做作業來完成。

㈠**放鬆與安全**：在此房間內每個人的身體是安全放鬆的，不用緊繃自己，也不會擔心有身體的傷害。

㈡**溝通與協商**：每個家庭成員允許有不同的立場與觀點，可在家庭中充分的表達，而不會被鄙視、否定、拒絕。家庭成員亦能共同協商找到滿足彼此的解決方式。

㈢**尊重**：夫妻之間不止在性生活上，還可以在生活習慣、興趣喜好、需求渴望各方面相互尊重。也可接納對方是獨特的個體，擁有獨立自由的意志做選擇，彼此不會因為相互之間存在的差異導致權力鬥爭和衝突，而是由此差異中學習和平共處。

㈣**誠實與負責**：能誠實面對自己的暴力及暴力造成的傷害，能誠心的為自己的行為感到抱歉，並為自己的言行負起責任來。

㈤**信任與支持**：讓家庭可以與外界有聯繫，家庭中的每位成員可以有自己的朋友關係和社交生活。支持她的人生目標，並尊重她有個人的需求、喜好、活動、朋友和主見。

㈥**分擔家庭責任**：不再受到傳統性別角色的約束與桎梏，可以有彈性的、自在的依照夫妻雙方的能力、需求、興趣投入家庭生活，共同分擔家庭責任。也不會因僵化的、傳統的、父權意識受到局限而形成男尊女卑的家庭階層。

㈦**靈性自由**：雙方均可發展自己的靈性修行之路，並有權利擁有個人獨特的價值觀、世界觀、和人生觀。

㈧**良好親職**：父親與母親在家庭中共同扮演重要的角色，父母雙方皆與孩子建立溫暖無暴力的關係。

㈨**自我價值與平等**：在這樣的家庭中，每個房間內的活動與內容可以互相強化，並支撐自我價值（自信、有成就感的）與平

等的屋頂。

㈩**感受**：每位家庭成員可在此「**安全屋**」中產生一些正向的感受，成為家庭的重要基礎。

此時可詢問每位成員在此家庭中會有何感受？在每個房間內應從事哪些活動才能發揮功能。

三、領導者在此提出一項溫和的挑戰：

◆在「**暴力屋**」和「**安全屋**」二者中間，你想要住在哪一種房屋中？什麼原因使你做這樣的選擇？

◆你可以做怎樣的努力和改變使你的家屋有不一樣的面貌？這樣的改變對你有什麼重要性？

◆你確定你要「**安全屋**」成為你所要的家屋嗎？在此家屋中你的配偶是否會有不一樣的感受？她會感到安全、被尊重嗎？你想要她有這種感受嗎？

四、作業：

㈠在「**安全屋**」中挑選其中一個房間，並在這個星期內，完成一項行動是可以強化此房間功能並且能支撐「**安全屋**」的屋頂——自我價值與平等。

㈡繼續使用「**暴力及控制行為檢索**」（第 144 頁）來檢驗自己一週的行為。

講義 4-1 暴 力 屋

權力	控制
身體	語言和情緒	性
脅迫恐嚇	社交隔離
男性特權	信仰與靈性	兒童
感受

（改寫自：McGrane, M. F., Community Assistance Program of the Amherst H. Wilder Foundation. 已獲原作者 David B.Wexler 授權許可。）

講義 4-2　安 全 屋

自我價值		平等
放鬆與安全	溝通與協商	尊重
誠實與負責		信任與支持
分擔家庭責任	靈性自由	良好親職
感受		

（改寫自：McGrane, M. F., Community Assistance Program of the Amherst H. Wilder Foundation. 已獲原作者 David B.Wexler 授權許可。）

❧活動五❧
轉換內在自我對話

課程目標

◎提升加害者對內在自我對話的覺察。

◎成員檢查負面內在自我對話如何產生暴力行為。

◎指認負面內在對話並轉換成正向。學習掌握自己的思考與行為。

課程內容

一、以成員實例來示範負面內在自我對話。

二、每位成員依此示範來找出自己的內在自我對話。

三、示範如何將負面的內在對話轉換成正面的。

四、作業。

進行方式

一、在團體簡報後，領導者介紹今天的主題內容：

夥伴們提過好幾次，會毆打太太是因為太生氣所以控制不住自己。今天我們要來深入探索是否真的如此？還是我們可以成為自己情緒、思考和行為的主人，並為自己負責。很多心理學家的研究顯示，其實我們的暴力行為與我們思考的方式有很密切的關

聯。當你可以清楚指認你的思考內容中哪些想法導致暴力行為時，你只需要轉換這些想法、行為就可以改變了。

　　例如，有些引起你憤怒的事，對別人來說不算什麼，可是你就會氣到使自己失控，這是因為你對這件事的解讀方式與別人不同，你的解讀使你選擇以暴力來解決，然後就給你很大的麻煩。

　　所以這種在你心裡面對自己說的話會使你相信你太太應該要被毆打，並且賦予你打人的好理由，但也許你自己沒感覺到，也從來不知道這些對話的存在。現在我們一起來試試看，能不能找到這些你對自己所說的負面對話。

　　接下來請一位自願者提供自己的實例，即上次他在毆妻時，那一剎那或毆妻之前在他腦海中出現怎樣的內在對話，他對自己說些什麼，使自己使用暴力。並請其他夥伴一起來腦力激盪，領導者則將成員所說的寫在黑板。

　　領導者可給與幾個提示：

　　◆當你在打春嬌時心裡對她的指責是什麼？也就是你心中在告訴自己打她的理由是什麼？

　　◆當你在毆打她時對她有什麼期望但未曾實現？

　　◆你是不是有些使你會嫉妒、生氣的想法出現？

　　◆當你毆打她時心中正在對自己說些什麼？嘴裡、心裡唸的是什麼？

　　下列幾種負面內在對話可供參考：

未滿足的期望：（常常是對配偶性別角色的期待）

　　「我叫妳三餐好好做，妳就是不聽。欠扁！」

「妳應該要孝順我媽媽，妳欠揍啊！」

「跟朋友出去玩，就不管我跟小孩了。」

「叫妳不要去工作，妳偏不聽。要好好教訓妳！」

貶抑鄙視女性的字句：

「賤人！該好好教訓！」

「妳笨蛋嘛！把妳打聰明一點。」

「妳不聽我的，存心跟我過不去。」

「讓妳看看我的厲害！」

「看看誰才是老大！」

嫉妒吃醋的想法：

「我敢說妳一定是有別的男人了。」

「妳只在乎小孩，不在乎我。」

「我算什麼啊！妳有把我放在眼裡嗎？」

「不守婦道！勾引別的男人。」

正當化自己的毆妻行為：

「這是妳應得的！」

「男人有權利好好教訓自己的老婆！」

「妳活該！」

「我不給妳好看我就不是男人。」

「我別無選擇。」

「我在乎妳，才打妳。」

「誰叫妳是我的女人。」

其他例句請見「**講義 5-1：危險的內在自我對話**」（第 175 頁）。

　　二、領導者在條列以上的負面自我對話之後，即請所有成員分為小組互相幫忙，每個人找出自己在暴力發生時內在負面的自我對話，在大團體中報告。

　　三、領導者要不斷強調這些危險的內在對話，有時不易察覺，但它們一直存在，而且會導致自己的毆妻行為。然而好消息是，一旦你可以指認出它們，就可以控制並且做出不同的選擇。

　　再度邀請一位夥伴，示範如何將負面的內在自我對話轉換為正向的。此時亦可鼓勵大家一起來集思廣益，使得危險的內在對話可改變為安全自制的內在對話。見「**講義 5-2：安全自制的內在自我對話**」（第 177 頁）。

　　例如：

負面：「我叫妳好好煮三餐給我吃，妳就是不聽！」

正面：「妳大概太累了，不是在找麻煩。」

負面：「妳應該要好好孝順我的父母。」

正面：「妳已經很努力照顧父母了，但難免有時候老人家很　　　　難照顧，這不是妳的錯！」

負面：「我要好好教訓妳，這樣妳才知道我是老大。」

正面：「我沒有權利教訓妳，我們兩個人要相互尊重。」

負面：「她只曉得跟朋友出去玩，一點都不把我放在眼裡。」

正面：「沒關係，她有權利交朋友，這並不表示她不關心我。」

邀請每位成員完成轉換的功課，見「**學習單 5-3：轉換內在自我對話**」（第 179 頁），或帶回家當做作業。

四、作業：

㈠完成「**學習單 5-3：轉換內在自我對話**」。

㈡繼續使用「**暴力及控制行為檢索**」（第 144 頁）來檢查自己的暴力行為。

講義 5-1　危險的內在自我對話

◆她不愛我了、她一點都不在乎我、她不喜歡我了。

◆她一點都不關心我。

◆她簡直是討打，太過分了，給她一點顏色瞧瞧。

◆我應該好好教訓她，讓她知道我的厲害。

◆我才是老大，她想爬到我頭上，門都沒有，她做夢！

◆簡直太過分了，我叫她做的事都不好好做。

◆她一定是有別的男人了！她一定是跟別的男人有一腿！

◆她想羞辱我，讓我難堪、沒面子。

◆她又來了，有完沒完。

◆一點都不了解我。

◆老是跟我唱反調。

◆沒有人可以這樣對我。

◆她跟別的男人講話／笑，就是不檢點、不正經、不要臉。

◆她的責任就是把家弄好，照顧我跟小孩，否則就是不負責任。

◆如果別的男人瞄她，就是不守婦道，勾引男人。

◆小孩不喜歡我、不尊重我，都是她造成的。

◆如果她想要一點自己的時間，就表示她不要我、拒絕我。

◆她不可以有自己的時間，也不可以有自己的朋友。

◆當我需要她時她不能立即滿足就表示她不在乎我。

◆不管我怎麼做都不夠好。

◆如果她不要有性行為，就表示不愛我，一定是愛上別人了。

◆如果她不要有性行為，就表示我不夠強、我不行、我很差。

◆她比較愛孩子，不愛我。

◆她比較在乎家人，不是我。

◆她把我當傻瓜啊！

◆她看不起我，看扁我了！

◆她把我踩在腳底下。

◆先生當然可以打老婆。

◆老婆不聽話就是要好好教訓。

講義 5-2　安全自制的內在自我對話

◆我要相信她，她不會欺騙我的。

◆她有權利被尊重、被愛。

◆我還不錯，我很棒、我很好。

◆沒什麼理由不信任她。

◆別的男人偷瞄她不是她的錯。

◆她是很棒的老婆了，不要太挑剔了，人不可能完美的。

◆想想看她有很多優點。

◆她已為這個家付出很多了。

◆我可以控制自己的脾氣。

◆用暴力是錯誤的，我不能傷害她。

◆我不必去對抗法律和體制，否則倒楣的是自己。

◆我在乎婚姻，在乎老婆，所以要努力改進。

◆她可能是對的。

◆她並不是要爬到我頭上，我也不用證明自己是老大。

◆她有權力表達自己的意見。

◆我不能限制她的自由。

◆她可以交朋友、有自己的時間、有自己的喜好、穿自己愛穿的衣服。

◆她是在乎我的、她是關心我的、她是重視我的。

◆我要為她做些好事，因為我在乎她。

◆夫妻之間要相互付出和照顧。

◆如果她生氣也沒關係，我不須反應過度。

◆我可以說「不」，她也可以說「不」。

◆她不想跟我上床並不表示她不要我、不愛我、不尊重我。

◆意見不合是正常的，我們可以找出解決辦法。

◆她不一定要事事聽我的，她可以跟我不一樣。

◆我可以提出要求，她可以決定要不要符合要求。

◆在家中我不是大爺而是婚姻的伴侶。

學習單 5-3　轉換內在自我對話

過去一次暴力事件：

原則：你可以掌握這些內在的思考歷程並轉換之。

危險的內在對話　　　　⟹　　　　安全自制的內在對話

恭喜你完成了一項艱難的工程，
又往前跨進一大步了！

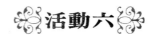

暫時迴避

課程目標

◎藉由「**暫時迴避**」（Time-Out）的新選擇承擔暴力行為的責任。

◎藉由「**暫時迴避**」使成員不會利用憤怒與暴力來控制配偶。

課程內容

一、介紹「**暫時迴避**」的原則。

二、介紹「**暫時迴避**」的方法。

三、作業。

進行方式

一、領導者說明利用「**暫時迴避**」在暴力要爆發的危險情境中，可以暫時離開緊張的場合，等待張力降低，彼此都冷靜下來，即可以在事後有機會心平氣和討論引發衝突的事件。這樣不但可以駕馭自己的暴力行為，亦可確保配偶和子女的安全。

使用「**暫時迴避**」有幾項重要原則，請見「**講義6-1：暫時迴避的原則**」（第182頁）。

　　二、介紹「**暫時迴避**」的方法，請參考「**講義6-2：暫時迴避的方法與過程**」（第184頁）。

　　三、作業：

　　㈠如果仍與配偶同住，則向配偶說明「**暫時迴避**」的方法與原則，並與她取得共識，為了保護她和子女，這是以後在緊急危險狀況會採用的方法。

　　㈡繼續使用「**暴力及控制行為檢索**」（第144頁）來檢查自己的行為。

講義 6-1　「暫時迴避」的原則

1. 「**暫時迴避**」不是一種控制操縱的手段，而是為了要維護彼此的關係、拒絕暴力所採用的一種積極性措施。所以對方不須改變行為或完成自己的期望。

2. 在採用此方法之前就須與配偶討論溝通以取得共識，配偶也明瞭「**暫時迴避**」的方法和目的。而不是突然採用此方法，使配偶更焦慮或覺得被遺棄。

3. 只在緊急情況時運用，非緊急情況時，須嘗試使用溝通、協商的積極性方法來面對婚姻問題。

4. 「**暫時迴避**」的時間和距離有一定的範圍，時間約三十分鐘至一小時之間為恰當；地點必須離開現場至安全距離。

5. 「**暫時迴避**」期間不適宜喝酒、嗑藥，適合做些身體運動，如散步、慢跑、去健身房、跳舞、舉重、打球、練氣功等；其次可從事一些轉移注意力的活動，如看電視、看書、逛街、數呼吸、數步伐等。但不宜開車或操作危險器械。

6. 「**暫時迴避**」所約定的時間到了一定要回來，且告知配偶。

7. 回來後如果雙方都已冷靜，可針對原來的衝突事件進行協商或討論；若無法溝通，則與配偶約定擇日再商；若回來後仍氣憤難消，宜再採取另一次的「**暫時迴避**」。配偶雙方皆可決定並有權力拒絕是否要再溝通或協商。

8. 記住：我們對自己的暴力行為可以負完全的責任，我們可

　　以駕馭自己的行為，卻不能改變對方。

9. 暴力是可以事先預防的，暴力也不是解決問題的唯一方式，我們可以有不同的作法來代替暴力，「**暫時迴避**」就是一種新的選擇方式。

10. 如果配偶不允許你「**暫時迴避**」，可重申自己的立場與做法，然後安靜的走出去，不可觸碰她。

（李開敏、成蒂編寫）

講義 6-2　「暫時迴避」的方法與過程

1. 清楚具體說出：「我要開始生氣、快要失控了，所以我要**『暫時迴避』**，到公園走走，三十分鐘後我會回來。然後我們再好好談談。」

2. 離開現場到另一房間或出門至一安全距離。

3. 從事一些建設性的活動或轉移注意力。

4. 與自己進行一些正向、積極的內在對話：

   ◆ 我很生氣，但我可駕馭自己。

   ◆ 她有權力這麼說／做，但我仍能保持冷靜。

   ◆ 我不在乎，不要放在心上。

   ◆ 沒關係，冷靜下來再說。

   ◆ 事情一定會解決，不急於一時。

   ◆ 暴力是不能解決問題的。

5. 時間到了就一定要回來向配偶報到。

6. 與配偶決定是否要針對問題進行協商或採取另一次**暫時迴避**。

✿活動七✿

我是一隻噴火龍——
男性的情緒與表達

課程目標

◎探索男性的情緒系統與暴力的關聯。

◎提供表達情緒的新選擇，使情緒失控不能成為暴力行為的藉口。

◎促進成員為自己的情緒負責任。

◎作業。

課程內容

一、介紹男性的情緒與表達過程。

二、鼓勵成員嘗試以非暴力方式來表達情緒與需要。

三、示範與演練。

四、作業。

進行方式

一、領導者在團體簡報之後介紹今天的主題與內容：

男性在成長過程中，常被教育成要陽剛、要強壯，而不能顯

示脆弱和情感。在你們的經驗中，你是如何被要求成為一個男人的？你可以有情緒嗎？可以表現脆弱嗎？可以哭嗎？你是怎麼表達感受的？（給與團體成員一些時間討論和回應。）

大多數的男人就像你們所說的，很多情緒和感受是不被允許去經驗和流露的，否則別人就要笑你娘娘腔、不像男人。然而這樣不但不健康，情緒壓抑久了還容易造成身心疾病或一發不可收拾。亦可與成員討論有哪些身心疾病與情緒有關。雖然大部分的情緒不被允許表達，但憤怒、生氣卻可以被合理化，也較易被接受。如果男性表現出憤怒或用行動來逃避內在不舒服的感受，則比較容易忍受這些內在深沈的情緒。

是否有哪個夥伴可以分享一個讓你感覺生氣的情境？

在這個情境中，你想除了憤怒外，還有其他感受嗎？其他夥伴如果在這種情形中，可能會有其他感受嗎？也許是無助、受傷、被拒絕、不安全感……。所以我們會常用憤怒或暴力行為來逃避內在較脆弱、較深刻的情緒。但是這些複雜的情緒每天每時都會出現，如果我們不去表達，也未紓解這些情緒，就容易產生問題，也對健康有害。

請參考「**講義 7-1：我是一隻噴火龍**」（第 189 頁）。身為男人也是會有各種細緻的情緒，如圖的左邊所列出的各種感受。但在社會化的過程中，為了表現出男性化的陽剛氣質，我們會忽視、否認、和壓抑這些內在感受，而不能誠實的表達。然後我們會感覺到掩飾後的其他感覺，如緊張、挫折和壓力，並以憤怒和生氣來表現。在外表則顯示敵對、失控的態度，最後以暴力行為來紓解這些情緒的能量。這是男性在成長過程中以暴力來處理情

緒的過程。大家同意這種描述方式嗎？你們覺得符合自己的情形嗎？還是不同意這個過程呢？

　　二、領導者此時可鼓勵成員嘗試不要成為這種性別角色分化過程的犧牲者，而可以採取不同的方式——誠實的面對自己的感受並勇敢的表達，這樣才能為自己的感受負責，而不須使用暴力來解決，否則傷害他人也傷害自己。

　　許多人使用暴力來解決衝突，是因為從來沒有機會覺察憤怒之下的感受，更沒有學會把這些感受用建設性的方法來表示。當我們沒有用適當的方法和技巧來說明自己的感受，又無法處理內在的壓力和改變外在環境時，就容易選擇使用激烈的手段來虐待他人，使他人能感覺到我們內在的情緒。

　　所以我們現在來學習一種表達感受的方法，來澄清描述你的內在狀況，和表明外在事物如何影響你。這樣周圍的人才能了解你，你也不必再用暴力來處理感受。

　　表達情緒的方式請參考「**學習單 7-2：為自己的感受負責**」（第 190 頁）。

　　請成員先描述最近一次暴力事件及內在真實的感受有哪些，此時可能不只一種感受。領導者可協助成員指認出較深入的情緒並寫下來。接著以下列語句的型態來做練習：

　　當妳做了＿＿＿＿＿＿＿＿＿＿（具體行為）
　　我感到＿＿＿＿＿＿＿＿＿＿（描述情緒的形容詞）
　　因為我＿＿＿＿＿＿＿＿＿＿（說明自己立場）
　　所以我希望＿＿＿＿＿＿＿＿＿＿（表達一個希望或需要）

　　三、示範與演練：領導者可先做示範，再請成員分為二人一組，互相演練或唸出自己所寫的句子。最後再回到大團體中分享演練的感想。

　　有時成員因為對這種表達方式太陌生，又從未學到探索指認情緒的方式，此時領導者要特別警覺描述情緒的字眼不是指責、想法、或推論；描述配偶的行為也必須是具體的行動，而非指控或批判。「所以我希望……」只是在表達一種願望，而非強迫對方一定要完成，聽者可以決定是否要照辦或拒絕。所以這個練習的目的不在迫使對方就範，而是覺察自己的情緒並為這些情緒負責。

　　四、作業：

　　㈠回家再完成另一暴力事件的內在情緒表達，使用「**作業7-3：為自己的感受負責**」（第 191 頁）。

　　㈡繼續使用「**暴力及控制行為檢索**」（第 144 頁）來檢查自己的行為。

講義 7-1 我是一隻噴火龍

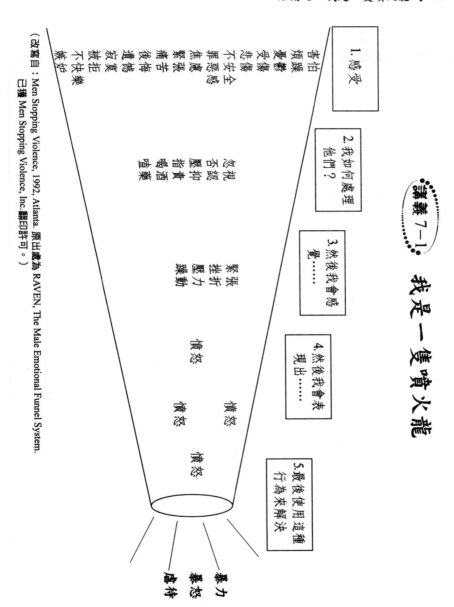

1. 感受
   害怕
   煩躁
   憂鬱
   受傷
   悲傷
   不安全
   焦慮
   罪惡感
   緊張
   痛苦
   後悔
   遺憾
   寂寞
   貧乏
   被拒
   不快樂
   嫉妒

2. 我如何處理
   他們？
   忽視
   否認
   壓抑
   指責
   喝酒
   嗑藥

3. 然後我會感覺……
   緊張
   挫折
   壓力
   躁動
   憤怒
   憤怒

4. 然後我會表現出……
   憤怒
   憤怒
   憤怒

5. 最後使用這種行為來解決
   暴力
   暴怒
   虐待

（改編自：Men Stopping Violence, 1992, Atlanta, 原出處為 RAVEN, The Male Emotional Funnel System.
已獲 Men Stopping Violence, Inc.翻印許可。）

學習單 7-2 為自己的感受負責

(一)事件：

(二)內在感受的覺察：

(三)情緒表達的方式：

　　當妳做了＿＿＿＿＿＿＿＿＿＿＿＿＿＿＿（具體行為）

　　我感到＿＿＿＿＿＿＿＿＿＿＿＿＿＿＿＿（情緒的形容詞）

　　因為我＿＿＿＿＿＿＿＿＿＿＿＿＿＿＿＿（說明立場）

　　所以我希望＿＿＿＿＿＿＿＿＿＿＿＿＿（表達一項需求）

作業 7-3　為自己的感受負責

(一)事件：

(二)內在感受的覺察：

(三)情緒表達的方式：

　　　　當妳做了＿＿＿＿＿＿＿＿＿＿＿＿＿＿（具體行為）

　　　　我感到＿＿＿＿＿＿＿＿＿＿＿＿＿＿＿（情緒的形容詞）

　　　　因為我＿＿＿＿＿＿＿＿＿＿＿＿＿＿＿（說明立場）

　　　　所以我希望＿＿＿＿＿＿＿＿＿＿＿＿＿（表達一項需求）

打破暴力循環

課程目標

◎增進成員對暴力循環的覺察。

◎為自己能終止暴力採取新選擇。

課程內容

一、認識暴力循環過程,採取新選擇以打破暴力循環。

二、邀請成員為自己採取新選擇,並探索新選擇對自己、婚姻、配偶的影響。

三、練習、介紹放鬆活動。

四、作業。

進行方式

一、團體簡報之後,領導者介紹暴力循環的過程,見「**講義 8-1:暴力的循環**」(第 196 頁):

暴力發生的過程對許多人來說是以一種漸進的方式在發展,也就是暴力在表面上看起來是一觸即發,而且一發不可收拾。但其實我們把暴力發生的歷程按照親密關係中的緊張程度來看,可以區分出幾個階段。如果我們了解暴力發展的循環階段,可以提升對緊張程度的覺察,並在適當的時機採取替代暴力的健康行

動，而進入另一個新的循環。

蜜月期

通常在上次暴力事件發生後，多數毆妻者都覺得後悔、抱歉，因此會竭盡所能的去彌補彼此破碎的關係，並希望能取得妻子的原諒與接納。例如，送禮物、分擔家務等。

接下來可邀請成員分享他們在此階段曾經使用過的方法。

緊張開始期

但由於婚姻中原本就存在一些可能的問題，例如金錢如何分配、小孩如何教養、週末去哪裡玩、性愛問題、如何與親戚相處等，這些是每個家庭和婚姻會發生的重要議題，在此時因彼此生活方式、成長背景、價值觀、思想信念、需求渴望之不同，而又沒有良好的解決方法，就開始醞釀親密關係中的張力。

邀請成員分享在日常生活中會因哪些議題而與配偶開始有摩擦和歧見，此時是否能感受到緊張已開始發生。如何發現？如何覺察？

緊張升高期

若在前一個階段，已因雙方差異而產生緊張，但未即時調整或溝通，就會進展至此階段。由於衝突升高，雙方也堅持自己的立場和期待，就易形成對立，使得緊張程度不但無法降溫，反而更加升高，此時應已進入緊張升高的警戒區，再發展下去，而未緊急煞車，就會進入下一個危險區域。

鼓勵成員分享此時他們會做些什麼？會有何感覺？如何知道自己在此階段？

激烈反應期

在此階段可能已進入暴力發生之前的危險階段，不但雙方毫無妥協的空間，反而因為彼此的破壞性能量不斷累積，造成激烈的爭吵與衝突。有時也伴隨破壞物品、大聲斥罵等反應。

邀請成員描述自己在此階段會表現出哪些激烈行為；並可進一步探索是否有些負面內在對話使自己無法冷靜；如何覺察自己情緒激動的線索。

暴力發生

常常在一些破壞性的負面內在對話發生後，就會出手毆打或產生其他的控制行為。此時如果再加上一些外來因素的刺激，如工作不順利、小孩在學校發生狀況等，就容易允許自己爆發情緒，以暴力來解決外在壓力和內在激動狀態。

所以清楚認識了暴力循環之後，即要開始意識到這個循環是可以改變的、是可以不同的。重點在於你是否願意將此循環打破，並發展另一種非暴力的、安全的循環過程。

首先，在緊張升高、衝突加大的階段，就須提高警覺，並且當機立斷採用一些健康合理的行為，如暫時迴避、呼吸放鬆、表達和溝通、改變負面自我對話等。唯有自己下定決心，改變現狀，主動避免暴力的發生，才能打破暴力循環而進入另一種無暴力的、平和的循環中。

再請成員腦力激盪找出其他曾經使用或未來將使用的健康合理的行動來打破暴力循環，領導者並且將大家的好點子寫在白板上。

　　二、進行完以上的活動，即可邀請成員分析在自己的暴力事件中是如何覺察以上的階段，可如何打破此循環？可採取哪些新行動？當成員採取這些新行動，將會有怎樣的發展和結果？對自己、配偶、婚姻又有何不同的影響？

　　三、領導者可介紹一種簡易放鬆法，必要時以音樂來輔助。當成員在生活中感覺焦慮緊張時，即可使用。

　　請每位夥伴先找到一個舒適的姿勢，當你找好了舒服的姿勢後，就可以把眼睛閉上。先做幾個深呼吸，給你自己時間，直到你的呼吸進入一種穩定規律的狀態（停一、二分鐘）。

　　現在請你觀想一個美麗平靜的景象，可能是你小時候曾經去過的地方、可能是你喜歡去旅行的地方，或是一個你熟悉的畫面。或者你就只想像一大片青草地和小野花，你躺在大樹下，涼風輕輕吹過你的臉，你在這裡可以休息，而且得到身體各部位的放鬆和心靈的平安。如果你已找到這個地方，就讓你自己靜靜的、自在的享受這片刻的寧靜（停二分鐘）。

　　現在讓自己做幾個深呼吸，然後由十數到零，再慢慢張開眼睛。

　　等成員都張開眼睛，再度進入課程中時，可邀請成員用一、二句話描述自己此時此刻的感受。

　　四、作業：

　　㈠練習放鬆活動，至少三次。

　　㈡繼續使用「**暴力及控制行為檢索**」（第 144 頁）來檢查自己的行為。

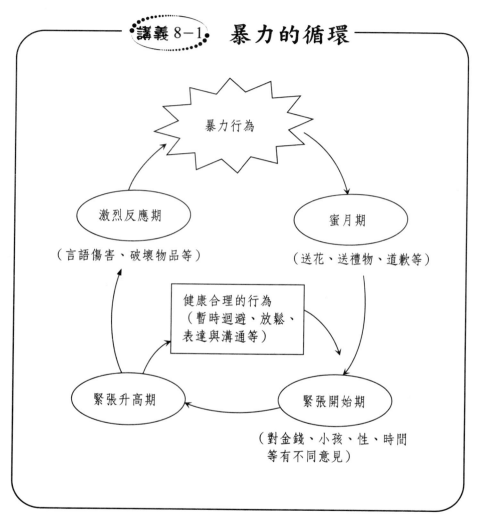

講義 8-1 暴力的循環

暴力行為

激烈反應期
（言語傷害、破壞物品等）

蜜月期
（送花、送禮物、道歉等）

健康合理的行為
（暫時迴避、放鬆、
表達與溝通等）

緊張升高期

緊張開始期

（對金錢、小孩、性、時間
等有不同意見）

（改編自 Mackenzie, A. and Prendergast, J. (1992). Domestic violence offender groups. In M. Mckay and K. Paleg, Focal group psychotherapy, CA: New Harbinger.）

❀活動九❀

負責與防衛

課程目標

◎指認阻礙負責任的防衛行為。

◎為自己改變暴力行為負起責任，並做出承諾。

課程內容

一、認識暴力發生後的各種否認與防衛反應。

二、成員指認自己的防衛方式。

三、邀請成員為自己的行為負責，並寫下書面承諾。

四、作業。

進行方式

一、由於夫妻關係原本就非常密切，所有的婚姻中也會存在一些特定的困難和衝突。當毆妻事件發生時，先生多半不願承認自己得為暴力行為負責任，而認為妻子也有份：「因為是她惹我的。」在親密關係中，雙方都有責任互相面對問題並共同經營和諧的關係，所以妻子和丈夫都須共同承擔婚姻品質的好壞。但如果發生暴力，施行暴力的一方即必須為自己的行為負責，因為暴力是一種選擇。在前面幾個活動中，我們也認識暴力是如何產生

的、暴力對配偶和小孩的影響。所以每一個人只要認清暴力的本質和過程，即可為自己做新的選擇，建立一個安全無暴力的親密關係。

在此團體中，領導者協助每位成員在一種不具威脅的氣氛中去探索自己在暴力情境中內在的歷程，亦引導成員去觀察自己如何將暴力合理化。藉此可促進成員經由覺察、承認、表達個人的防衛方式，達到解除防衛，並且做出承諾來終止暴力。

請大家一起來看「講義 9-1：暴力的合理化方式」（第 200 頁），我一邊解釋說明，一邊請大家勾選符合你的情形的項目，這些項目代表我們每個人在暴力發生時會表現出來的合理化反應，目的是保護我們自己免於受到內在強烈情緒的影響，所以如果你越能誠實的面對這些合理化反應，就越能顯現出你內在的勇敢和決心。

這些項目有的是在我們心中出現的聲音，有的是曾對別人解釋的理由，為的是能找到合理藉口使自己安心，但內心深處其實我們都知道，暴力的確已造成傷害。所以各位來參加此團體，也是面對暴力的最佳時機。

接著由領導者逐一說明每個項目，並請成員在合適的項目上勾選填寫。

二、每位成員完成表格後，則邀請成員分享自己所勾選的項目；領導者也要給分享者鼓勵與支持。成員可經由這種分享，從別人共同經驗中發現自己的防衛反應並不是唯一的，因而可降低自己的不安和焦慮。

　　三、接著邀請每位成員為自己的暴力負責，並承諾會終止暴力的約定。見「**講義9-2：終止暴力承諾書**」（第202頁）。

　　四、作業：

　　㈠與配偶同住者向她說明自己的「**講義9-2：終止暴力承諾書**」，並正式表達自己拒絕暴力的承諾。

　　㈡未與配偶同住者請將「**講義9-2：終止暴力承諾書**」張貼在住處明顯地方，每天讀一遍。

講義 9-1　暴力的合理化方式

　　大多數的先生對配偶動手之後，都會用一些理由來正當化自己的暴力行為。下面是幾種常見的反應，請你勾選出你曾有的項目，並填寫你自己用的語詞。

□　**受害者心態**：「我被陷害了。」

_____

□　**淡化處理**：「沒什麼大不了的，我只不過推了她一下！」

_____

□　**無負面意圖**：「我不是真的要傷害她。我只是要她留在家裡而已。」

_____

□　**自我表達**：「她老不聽我的，所以我要讓她知道我的意思。」

_____

□　**否認**：「根本沒這回事，她說謊。我不是暴力。」

_____

□　**酒藥癮**：「我只是喝醉了，不知道發生什麼事。」

_____

□ **失控**：「我真的控制不了我自己，因為我太氣憤了。」

□ **指責對方**：「都是她的錯，如果她不惹我，我就不會動手。」

□ **有權力教訓她**：「我是為她好，否則她不知道什麼是對的。」

□ **合理化**：「她罪有應得。」「因為她有外遇。」

□ **美化自己**：「我沒事，我的婚姻很好。」

□ **被動**：沉默、消極反應，不回應。

□ **放棄**：「反正她已經離開我了，不必再努力！」

（感謝高雄區婚暴加害人處遇社工員提供的項目）

講義 9-2 終止暴力承諾書

我承諾

- 在婚姻中停止暴力，並控制自己的行為，不傷害他人（包括配偶、子女、親戚）。

- 尊重配偶為獨立的個體，有自己的想法、需求和喜好。

- 為自己的情緒負責，並學習用正向積極的方法來解決衝突。

- 經營平等、安全、信任的親密關係。

簽名：＿＿＿＿＿＿＿＿

日期：＿＿＿＿＿＿＿＿

❀活動十❀
擬定安全計畫（註）

課程目標

◎統整對暴力之認知和學習。

◎為暴力負責並改變。

課程內容

一、介紹安全計畫的內容與方法和如何覺察暴力線索。

二、完成安全計畫、列出替代暴力的新行為。

三、作業。

進行方式

一、在團體簡報完畢後，領導者說明「**講義 10-1：擬定安全計畫**」（第 205 頁）的內容與目的。

我們已經了解，在暴力循環過程中，是可以選擇其他較健康、安全的應對方式來替代暴力。而且你也可以覺察，這些合理健康的行為在雙方緊張程度逐漸升高之前即可採用。

註：活動十和活動十一由李開敏、成蒂改寫自 Bathrick, D., Carlin, K., Kaufman, Jr. G. and Vodde, R. (1992). Men stopping violence: A program for change, Atlanta.

　　現在你已決定要為暴力負責，所以我們可以開始學習在緊張程度升高時，會有哪些暴力的訊號和線索。當你能夠覺察這些暴力線索時，包括你的感覺、內在想法、身體反應，就能在當下採取合宜的行動來阻止暴力行為的產生。

　　安全計畫的目的，就是藉著你對自己暴力行為發生時，內在歷程的探索，來增加你對暴力行為的敏感和覺察，並且為自己發展出具體的計畫，以防範下次暴力事件的發生。

　　詳細內容請見「**講義 10-1：擬定安全計畫**」（第 205 頁），領導者可一步一步說明，並請成員舉出實例來分享。

　　二、接下來則請成員利用「**學習單 10-2：完成安全計畫**」（第 208 頁），練習填寫，亦可隨時提出疑問來討論。完成後則分為三人小組討論每個人的安全計畫。領導者亦須在三人組討論完後確認每個人都了解安全計畫的擬定過程，亦能為自己完成個人的安全計畫。

　　三、作業：請每位成員利用「**作業 10-3：完成安全計畫**」（第 209 頁）再為自己另一次曾經發生過的暴力事件進行分析。並於下次影印給全體成員，進行個人安全計畫之口頭報告。此報告亦為團體結業的必要條件之一。

講義 10-1　擬定安全計畫

安全計畫

　　當我們能覺察暴力將要發生時，在身體、情緒、內在思考各方面的訊號和線索，並事先做好計畫，規畫自己可採取的積極性、替代的行動，即可預防暴力發生。

覺察暴力訊號

　　在暴力發生前，可能有一些線索是你以前忽略的，覺察這些訊號，並且慎重的去處理，常可預防暴力。

　　我們可分為四部分來討論這些訊號：

1. **地雷區**——是指過去你曾經發生過暴力或很容易採取暴力行為的情境。例如夫妻雙方因爭執教養問題、金錢、外遇、時間分配等，而產生嚴重衝突。

　　　或是曾經使你產生毆妻行動的某些原因，例如她說／做了什麼事，踩到你的地雷，而使你爆發：「她老是嘮叨個不停」、「她拒絕與我行房」、「她借錢給別人」等。

2. **身體訊號**——生氣時的各種生理反應，如肌肉緊繃、心跳加速、出汗、聲音變大、臉色變紅、踩步、不尋常的安靜、呼吸改變、握拳……等生氣的訊號。

3. **情緒訊號**——毆妻前的情緒，如憤怒、挫敗感、自卑、受

傷、不安全感、被誤會、羞恥感、罪惡感等。

4. **負向的內在對話**——在氣憤中內在對自己說的話，如「我警告你」、「閉嘴」、「混蛋」、「賤女人」都可能是暴力的前奏。其他的負向內在對話也易使你陷入暴力循環中而造成激動狀態。例如：「我受不了她了！」「要好好教訓她才行！」「這個賤女人根本不在乎我。」「打她是應該的。」

替代暴力的其他可行性

當你覺察出以上的訊息之後，必須再發揮創造力，思考出有哪些做法可使你不必採取暴力而解決問題，這樣才能真正發展出屬於你自己個人的安全計畫。

1. 對於**地雷區**可採取的替代性做法為：

運用一些積極正向的行動來使配偶在情緒上和身體上得到安全免於暴力的傷害。例如：「她一吼我，我就受不了而打她，這樣才能叫她閉嘴。」可替代的其他選擇是：她一吼我，我可以告訴她我要開始生氣了，然後採取「**暫時迴避**」。

有時進入**地雷區**是因為我們對配偶產生固著的強烈期望未被滿足，這時候如果能覺察這些期望，表達出來，或改變這些期望，亦可避開**地雷區**。

2. 對於**身體訊號**可採取的替代性做法為：

放鬆、深呼吸、散步、運動等。

3.對於情緒訊號可採取的替代性做法為：

確認此刻的真正感受為何，憤怒、生氣下是否有其他的情緒。

與朋友親人分享感受，亦可與團體夥伴聯絡，彼此支持打氣。

4.對於負向的內在對話可採取的替代性做法為：

發展一套屬於自己的正向內在對話，即這些對話可使你不會鑽牛角尖，讓自己放鬆下來，同時也不會否定自己和貶抑對方。例如：「我能冷靜下來。」「我不用暴力解決問題。」「放鬆！放鬆！」「深呼吸一下，我可以控制自己。」「我不能期待每件事都和我想像的一樣。」

（改寫自 Bathrick, D., Carlin, K., Kaufman, Jr. G. and Vodde, R. (1992). Men stopping violence: A program for change, Atlanta.）

學習單 10-2　完成安全計畫

基本原則：1.我是自己身體、情緒、行為的主人。

2.我願意為自己的暴力負責。

3.我可以有其他的選擇來取代暴力。

(一)請描述一次曾經發生過的暴力情境。在當時是否配偶說的話、做的事，或有些特別事件使你讓自己一觸即發。這就是你的**地雷區**。

(二)你可覺察自己有哪些**身體**反應和訊號？

你可為自己**做些什麼**來使自己放鬆？紓解身體的緊張？

(三)你可覺察自己有哪些情緒出現？

你可為自己**做些什麼**來使自己平靜？舒緩激動的感受？

(四)你可覺察自己內在有哪些**負面的自我對話**？

你可對自己**說些什麼**來轉變這些會使你自己失控的話？

簽名：＿＿＿＿＿＿＿＿　　日期：＿＿＿＿＿＿＿＿

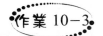

完成安全計畫

基本原則：1. 我是自己身體、情緒、行為的主人。

　　　　　2. 我願意為自己的暴力負責。

　　　　　3. 我可以有其他的選擇來取代暴力。

(一)請描述一次曾經發生過的暴力情境。在當時是否配偶說的話、做的事，或有些特別事件使你讓自己一觸即發。這就是你的**地雷區**。

(二)你可覺察自己有那些**身體**反應和訊號？

　　你可為自己做些什麼來使自己放鬆？舒解身體的緊張？

(三)你可覺察自己有那些情緒出現？

　　你可為自己**做些什麼**來平靜自己？舒緩激動的感受？

(四)你可覺察自己內在有那些**負面的自我對話**？

　　你可對自己**說些什麼**來轉變這些你會使自己失控的話？

簽名：＿＿＿＿＿＿＿＿＿　　日期：＿＿＿＿＿＿＿＿＿

活動十一

期中考核——報告個人安全計畫

課程目標

◎落實安全計畫的學習與行動

◎期中考核的指標

課程內容

一、再次簡介安全計畫的內容與方法。

二、說明期中考核的重要性、目的、方式。

三、進行每位成員之安全計畫報告。

四、領導者做總結。

進行方式

一、在團體簡報完畢後，領導者再次簡單介紹「**講義 10-1：擬定安全計畫**」（第 205 頁）的內容與方法。

二、領導者首先恭喜成員已進到課程中最精采、重要的部分，即每位成員要在這次活動中完成自己的安全計畫，以顯示為個人暴力負責的決心。這樣不但可重新建立一種尊重、和諧的親密關係，也提供自己、配偶、子女免於暴力威脅和危險的新生活。

　　每位成員的安全計畫將做為參與課程的重要評量，所以領導者將針對每份安全計畫邀請所有成員一起分享和回應。未完成者，下週仍有機會，或建議再重新參與第一階段和第二階段課程。完成且通過考核者，則可順利進入第三階段課程。

　　三、每位成員自動上台報告，並將自己的安全計畫影印分送每位成員，使用白板說明自己安全計畫中的每個項目。其他成員可以提出問題和回饋。

　　報告完畢後，其他成員和領導者給與報告者欣賞和讚美。

　　四、領導者根據每位成員的報告給予回饋和建議。對於已結業者給與歡送，將參加下一階段課程者給與歡迎。

　　由於本次活動列於評估的重要項目，所以領導者需傳達對此次活動之重視，對於未完成安全計畫的成員可花一點時間了解其原因與困難。或將此次活動安排在兩週完成（四小時），這樣可使未完成的成員在下週報告。

第三階段

建立平等尊重的
親密關係

❧活動十二❧

尊重平等的溝通

課程目標

◎學習尊重平等的溝通。

◎區分阻礙與促進溝通的因素。

課程內容

一、區辨阻礙或促進良好溝通的因素。

二、平等尊重的溝通在語言和肢體方面的內容。

三、作業。

進行方式

一、成員在完成第一階段的任務——為自己的暴力行為負起責任之後，即可進入此階段，開始學習正向尊重的親密關係。不論成員是否仍與配偶同住，這些溝通方法都是與人產生聯結和建立親密關係的必要條件。

由於許多毆妻者在放棄暴力之後，常不知該如何與配偶相處，亦無法採取建設性的方式來解決彼此的差異和衝突。所以領導者首先在團體中協助成員區分哪些是阻礙或促進良好溝通的因素。成員因此可增進對自己的溝通方式的覺察，以減少溝通阻

礙，增進溝通的正向效果。

㈠兩位領導者首先進行無效溝通的示範：其中一位領導者A敘述一段故事，另一位領導者B表現出不專心、眼神不接觸、打岔、批評、輕視、質問的反應。

㈡請成員說明對B的行為觀察，這些行為對A會造成何種影響，及A可能會有的感受。如果成員不易表達對B的觀察，則A可說明B的行為使自己產生哪些感覺。領導者並將討論內容列於白板上。

㈢兩位領導者再進行尊重溝通的示範：領導者A敘述一段故事，領導者B表現出適當的眼神接觸、專注、點頭、同理心、接納的反應。

㈣請成員就B的表現來分享自己所觀察到的行為，領導者則將成員的分享內容列於白板上。再針對以上兩部分做比較和結論。

二、領導者將「良好溝通的障礙」和「良好溝通的要素」二者做說明，見「**講義 12－1：如何進行尊重平等的溝通**」（第 216 頁）。以為此次活動的內容做系統化的歸納整理。

三、作業

請每位成員在一週內觀察自己與配偶或小孩溝通的方式，有哪些行為會阻礙或促進良好溝通。下週在團體中分享。

 **如何進行尊重平等的溝通**

	良好溝通的障礙	良好溝通的要素
肢體與非語言方面	眼神看別處 沒反應 表情冷漠 身體距離過大 看著電視或電腦 露出不屑的表情	眼神接觸 點頭 表情溫和 身體距離適中 停下手邊的活動 姿勢是開放、放鬆的
語言方面	沉默 太快給建議 質問對方 將話題導向自己 中斷對方的談話 「妳老是……」、「妳從來不……」 批評責罵 諷刺譏笑 分析、說教、講大道理 要對方與自己有相同想法	先蒐集足夠的資料 接受對方有自己的觀點和做法 焦點停留在對方身上 不打斷談話，有耐心等她說完 對她現在所說的做回應，而不翻舊帳 與她一起討論解決方式，以回饋取代批判 聆聽並表達了解和感受 接受她與自己不同

✿活動十三✿

核對模糊不清的訊息

課程目標

◎釐清溝通中模糊不清的訊息，以降低親密關係之緊張與壓力。

◎促進信任安全的親密關係。

課程內容

一、領導者說明核對模糊訊息的意義與重要性。

二、成員二人一組相互演練。

三、作業。

進行方式

一、簡報完成後，領導者即可說明核對模糊訊息的意義與重要性：

我們與配偶相處時，常常會以為自己很了解對方的心意，亦會以為自己不用說得太清楚，對方一定就知道我在想什麼。所以有時我們會根據對方的肢體反應和不完整的溝通訊息就推測她內心的意圖和感受而未加以核對。這樣反而造成許多誤解和緊張。

尤其如果在心中因為模糊訊息而產生一些假設，使自己有不

舒服的感受時，會因為內在負面的、破壞性的自我對話，使得情緒張力逐漸升高，形成暴力前的高危險狀態。所以為了避免暴力，減少彼此的誤解，並建立彼此通暢的溝通管道，一旦發覺配偶有些訊息並未完整直接的表達，而自己已在腦海中形成假設或推測時，即可與對方澄清和核對。

請看以下的例子：春嬌告訴志明她要與朋友聚餐。志明看見春嬌刻意打扮美麗嬌艷才出門。

志明心中立即產生推測：

1. 她是不是要跟男朋友出去玩，才打扮那麼漂亮？
2. 她一定是看不起我，所以不邀我一起去。
3. 她是不是不在乎我了，只喜歡她的朋友。
4. 她要拋棄我了。

志明如果未經核對即將這些推測放在心中，就會產生非常不舒服的感受，如生氣、受傷、嫉妒、挫折。如果不去處理這些感受，並且使用舊有的處理模式去掌控春嬌，不許她出門，或使她有罪惡感、不快樂、生氣等，即會使得雙方陷入緊張和衝突的情境中。

此時志明可根據自己的猜測與春嬌核對這些想法：

1. 妳是不是和男朋友去約會呢？妳打扮那麼漂亮是不是有特別的原因？（等待對方完整回答後，再問下一個問題。）
2. 妳是不是看不起我，所以不想邀我一起去？（等待對方完整回答後，再問下一個問題。）

3. 妳是不是不在乎我、不喜歡我了？（等待對方完整回答
　 後，可再告訴她自己的感受與需要。）

4. 妳是不是不要我了？

　　當我們能如此與配偶核對內在的想法與猜測時，就為雙方開
啟溝通之門，並給與對方和自己一個澄清、討論的機會。這樣一
方面是尊重對方，讓她能安全的說出自己的立場，另一方面也是
尊重自己的想法和感受，且積極的表達出來讓對方知道。

　　二、下面我們要二人一組互相演練。

　　㈠非口語訊息的核對練習：

　　將成員分為二人一組進行演練，二人面對面坐著，一人先扮
演「說話者」A，另一人扮演「反應者」B。A先分享一個生命故
事，約二分鐘，B不回答、不說話，只需聆聽。

　　A說完故事之後，即向B核對A觀察B的肢體反應時，在
A心中形成的推測和想法，並與B一項一項核對是否正確。可以
下列方式來進行：

　　「你剛剛皺眉頭，是不是覺得我很笨？」

　　「你不說話，是不是不想聽？」

　　「你是不是不耐煩？」

　　A與B進行完畢之後則角色對調。

　　㈡語言訊息的核對練習：

　　仍舊維持剛才的分組，二人對坐，A先說明自己的一個生活
事件（或某特定主題），B則聆聽，但要有語言的回應，包括提

出疑問、說明自己的看法等。三分鐘後，A則根據自己對B的語言反應可能有的推論或假設提出核對。

上述步驟完成後，二人角色對調，再進行同樣步驟。

㈢在二人組和大團體中討論此過程的感想。

三、作業：在一週內使用「**作業單 13-1：核對模糊訊息**」（第221頁）與配偶或小孩演練，並記錄下來。

作業 13−1　核對模糊訊息

演練日期：

事件：

假設與猜測：

核對過程（包括你如何核對及對方如何回應）：

核對後的結果：

　　你的感受：

　　對方的感受：

　　你們的關係有何不同？

🌸活動十四🌸

聆聽的藝術

課程目標

◎學習聆聽以表達同理心。
◎接納尊重配偶的感受。

課程內容

一、領導者說明聆聽的方法與意義。
二、成員進行三種層次的聆聽練習。
三、作業。

進行方式

一、聆聽是一門藝術，也是親密關係中不可或缺的養分。但由於男性在成長過程中，將大部分的精力都放在目標和成就的追尋，而沒有機會學到如何傾聽和接納自己、他人的感受。

但在親密關係中，傾聽和接納彼此的感受是建立親密感極為關鍵的一環。大部分的人都認為有情緒是不好的，所以最好能壓抑這些感受，才是理性正常的。所以當配偶向你表示負面情緒，如傷心、生氣、怨恨、焦慮時，你可能就會先防衛自己或攻擊對方。因為你以為這是你造成的，因無能為力解決而受挫，或你錯

認為她在責難你、否定你。結果配偶會覺得自己的情緒無法被了解，而你也覺得很挫敗，雙方距離越來越大，無法產生親密和心靈交流。因此我們不但要練習表達自己的感受〔**活動七：我是一隻噴火龍——男性的情緒與表達**（第185頁）〕，還要試著去聆聽配偶的感受，並且表達出對她感受的了解，這樣才能真正建立相互的尊重與信任。聆聽的技巧就是我們所說的「**同理心**」。

　　例如，阿美回家很生氣的說：

　　「我把皮包弄丟了，真倒楣！裡面的錢是我剛從銀行領出來的呢！」

　　指責性的回應：

　　「誰叫妳這麼不小心！」

　　諷刺性的回應：

　　「真有錢啊！反正妳是富婆嘛！」

　　同理心的回應：

　　「妳一定覺得很難過吧！真可惜丟了這麼多錢。」

　　當我們能聆聽說話者所表達的內涵和感受時，就具備了同理心。即了解對方說話時內在的感受，並用簡單的語句將對方的感受說出來，這也是一種反映情緒的過程。對方聽到同理心的回應就會感到被尊重和被了解，這樣即能對親密關係產生良好的潤滑作用。並且因為配偶感到自己的情緒被接納，即能提升她在關係中的安全感，而為彼此的感情奠定穩固的基礎。

　　二、將成員分為二人一組，進行演練聆聽技巧的三個層次。

　　層次1：複述——A 分享一段不愉快的經驗或一個抱怨，B

仔細傾聽後，將 A 所說的話複述一遍，但不加上任何自己的語詞。B 說完後，與 A 核對是否正確。

A 和 B 角色對調，再進行同樣過程。

此活動可讓成員檢查自己是否能專注傾聽。

層次 2：**反映內容**——A 敘述一段愉快的經驗後，B 將 A 所說的內容以自己的語句簡述一遍，並與 A 核對內容是否正確。可採用下列句型的任何一句：

你的意思是＿＿＿＿＿＿＿＿＿＿＿＿＿＿＿＿＿

你提到＿＿＿＿＿＿＿＿＿＿＿＿＿＿＿＿＿＿＿

你敘述的是＿＿＿＿＿＿＿＿＿＿＿＿＿＿＿＿＿

你剛剛說的是＿＿＿＿＿＿＿＿＿＿＿＿＿＿＿＿

直至 B 能正確掌握 A 所表達的簡要內容為止。

A 和 B 角色對調，再進行同樣的過程。

層次 3：**反映情緒**——A 敘述一段難忘的回憶，B 仔細聆聽，再將 A 的感受情緒描述出來。可以下列任何一個句型表示：

你感受到＿＿＿＿＿＿＿＿＿＿＿＿（一個情緒的形容詞）。

你的感受是＿＿＿＿＿＿＿＿＿＿＿（一個情緒的形容詞）。

你的心情是＿＿＿＿＿＿＿＿＿＿＿（一個情緒的形容詞）。

直到 B 能正確說出 A 的感受，即可角色對調再進行相同過程。

　　演練結束後成員回到大團體中，再分享剛剛演練的經驗與學習。領導者總結團體成員的回饋之後，可強調三項重要的原則：

　　㈠**情緒沒有對錯好壞**，所有的感受都是人類的正常反應。所以我們都可以去探索、接納、和承認。

　　㈡**每個人都要為自己的情緒負責**，所以當配偶分享她的經驗，我們也表達了同理心，不表示你就必須犧牲自己的需要去滿足她。能了解她的感受是一種良性的互動方式。但在對話中同時兼顧彼此的需要而得到平衡，才能建立平等互重的關係。

　　㈢**體諒對方的感受，不表示不需要共同尋求解決問題的方法**，重要的是優先次序。常常當配偶覺得情緒被接納和了解，她就自己在心中產生解決問題的方案了。

　　三、作業：利用作業單：「**作業 14-1：聆聽的藝術——同理心**」（第 226 頁）來完成三次同理心反應的練習。

作業 14-1　聆聽的藝術：同理心

日期：

請將你可以表達同理心的語句寫在下列空格中。

情境一：你的妻子回娘家後告訴你：「我媽媽年紀大了，又病得很嚴重，她說需要錢看病、買補品，怎麼辦？我們家也沒什麼錢再供給她，可是不給她，又好像很不孝。」

　　層次 1：複述＿＿＿＿＿＿＿＿＿＿＿＿＿＿＿＿＿＿

　　層次 2：反映內容＿＿＿＿＿＿＿＿＿＿＿＿＿＿＿＿

　　層次 3：反映情緒＿＿＿＿＿＿＿＿＿＿＿＿＿＿＿＿

情境二：你的妻子告訴你，小孩在學校與人打架，導師打電話來要她去學校談談，她很生氣，因為這已不是第一次被導師通知去學校了。她很不想去，覺得很丟臉，同時也怪你不管小孩子的事，害她這麼辛苦又丟臉。

　　層次 1：複述＿＿＿＿＿＿＿＿＿＿＿＿＿＿＿＿＿＿

　　層次 2：反映內容＿＿＿＿＿＿＿＿＿＿＿＿＿＿＿＿

　　層次 3：反映情緒＿＿＿＿＿＿＿＿＿＿＿＿＿＿＿＿

情境三：小孩說：「大華的爸爸帶他去日本玩，他好得意，你都不帶我出國去玩，害我暑假好無聊，我不想做你們的小孩，我想離家出走。」

　　層次 1：複述＿＿＿＿＿＿＿＿＿＿＿＿＿＿＿＿＿＿

　　層次 2：反映內容＿＿＿＿＿＿＿＿＿＿＿＿＿＿＿＿

　　層次 3：反映情緒＿＿＿＿＿＿＿＿＿＿＿＿＿＿＿＿

❧ 活動十五 ❧

處理自己的氣憤

課程目標

◎覺察和駕馭憤怒情緒。

◎為自己的憤怒負責，並終止暴力行為。

課程內容

一、複習憤怒發生時的生理、情緒、認知的線索。

二、複習「**暫時迴避**」策略及其他紓解憤怒的方法。

三、如何處理自己的氣憤。

四、作業。

進行方式

一、**團體簡報**、分享上週作業之後，領導者可以簡潔說明憤怒情緒出現時，我們在生理、情緒、認知、行為各方面會有的反應。一方面協助成員重新複習在「**安全計畫**」中曾經練習的方法，另一方面也將這些覺察和學習用在憤怒情緒的管理過程中。

由於在第一階段中我們已學會如何去覺察憤怒線索，也明瞭如何採用正向積極的行動來紓解憤怒的能量。成員演練過基本的理念與方法，所以本活動領導者可一方面複習重要概念和欣賞自

己的進步，另一方面將焦點放在成員的憤怒感受上，見「**講義
15-1：照顧自己的憤怒情緒**」（第230頁）。

　　二、請成員回顧過去一次生氣的經驗，如何覺察自己在生
氣？他採取哪些具體積極的行動來阻止緊張繼續升高？他是否可
為自己所採取的行動而欣賞自己？

　　三、當憤怒降溫、能量舒緩之後，即可開始著手去處理引發
憤怒情緒的問題：

　　憤怒的產生常常都是我們內在有一些需求或期望不被滿足而
引發的情緒。但生氣和憤怒常常會被用來當做控制他人、滿足自
己需求的一種工具。現在我們要來學習使用憤怒情緒來為自己負
責的方法。

　　請大家運用剛剛你所分享的實例來問自己下列三個重要的問
題：

　　1.我到底要什麼？知道自己要什麼，而且承認這些需要，就
是為自己負責的第一步。

　　2.我如何可在不改變對方的情況下而達成自己的需要？當我
們要求他人來滿足自己的需要，而對方做不到時，就容易對他人
感到生氣，因為別人不一定知道我們的需要，而且也無法去滿足
每個需要，所以能為自己的需求找到解決的方法，可將注意力由
對方身上轉移到自己身上，而照顧自己需求與感受。

　　3.我如何能告訴對方自己的感受和需要，但不強求他的配
合？這樣的分享目的在表達內在的需求和感受，讓對方了解你的

內在發生了什麼事使你不快樂，而非強求對方為了你而改變或委屈自己來配合。這樣的分享也給自己一個機會重視自己個人內在的感受與需求，並藉著說出來表明這些感受與需求是屬於自己的內在部分，而非對方的責任。

可採用下列句型來分享自己的感受和需要：

當我聽到／看到＿＿＿＿＿＿＿＿＿＿＿＿＿＿＿＿＿＿
我感覺生氣（或其他感受）＿＿＿＿＿＿＿＿＿＿＿＿
我想要的是（內在需要或渴望）＿＿＿＿＿＿＿＿＿＿

現在請大家針對剛剛所分享的生氣事件，將這三個問題及回應，仔細思考後寫在「**學習單 15–2：照顧自己的憤怒情緒**」（第231 頁）上。

然後分為二人一組討論每個人寫下的答案。

四、作業：請成員在本週內完成一次「**作業 15–3：憤怒事件的處理與記錄**」（第 232 頁）。特別要注意的是，自己分享完感受和需求後，對方的回應為何。

講義 15-1　照顧自己的憤怒情緒

　　憤怒是人類的一種正常的情緒，它告訴我們有些事情不對勁了，需要為自己做些調整和處理，而不必等到緊張逐漸升高才發現自己已進入暴力循環的危險階段。

　　適當照顧自己的憤怒，可以使我們減少暴力的傷害。處理憤怒情緒包括下列幾項步驟：

一、覺察憤怒的線索

　　生理上：心跳加速、呼吸急促、出汗、肌肉緊張、聲調提高等。

　　情緒上：挫折、受傷、失望、焦慮、擔心、羞辱、丟臉等。

　　認知上：「不公平」、「妳對不起我」、「妳不關心我」、「怎麼可以這樣」等內在對話。

　　行為上：大聲說話、用力關門、斥責他人等。

二、採用正向積極的行動來紓解憤怒

　　◆暫時迴避

　　◆運動紓解憤怒能量

　　◆呼吸調息

　　◆其他體力活動

三、找出解決問題的方案

　　1. 我到底要什麼？

　　2. 我如何能不改變對方而滿足自己所要的？

　　3. 我如何告訴對方自己的感受和需要，但不強求他的配合？

學習單 15-2　　照顧自己的憤怒情緒

日期：

使你憤怒的事件為：

一、憤怒線索的覺察：

生理上＿＿＿＿＿＿＿＿＿＿＿＿＿＿＿＿＿＿＿＿＿

情緒上＿＿＿＿＿＿＿＿＿＿＿＿＿＿＿＿＿＿＿＿＿

認知上＿＿＿＿＿＿＿＿＿＿＿＿＿＿＿＿＿＿＿＿＿

行為上＿＿＿＿＿＿＿＿＿＿＿＿＿＿＿＿＿＿＿＿＿

二、可採取的正向積極行動為：

三、如何為自己的憤怒情緒找到解決方法？

1. 在此事件中我到底要什麼？

2. 我如何不改變對方而滿足自己的需要？

3. 我如何分享我的感受與需要？

4. 對方聽完我的分享後會有何反應？

作業 15-3 憤怒事件的處理與記錄

日期：

使你憤怒的事件為：

一、憤怒線索的覺察：

生理上＿＿＿＿＿＿＿＿＿＿＿＿＿＿＿＿＿＿＿＿＿＿

情緒上＿＿＿＿＿＿＿＿＿＿＿＿＿＿＿＿＿＿＿＿＿＿

認知上＿＿＿＿＿＿＿＿＿＿＿＿＿＿＿＿＿＿＿＿＿＿

行為上＿＿＿＿＿＿＿＿＿＿＿＿＿＿＿＿＿＿＿＿＿＿

二、可採取的正向積極行動為：

三、如何為自己的憤怒情緒找到解決方法？

1. 在此事件中我到底要什麼？

2. 我如何不改變對方而滿足自己的需要？

3. 我如何分享我的感受與需要？

4. 對方聽完我的分享後會有何反應？

❧活動十六❧

處理配偶的氣憤和指責

課程目標

◎用非暴力的方式來面對妻子的氣憤和指責。

◎藉正向平和的溝通來達到彼此關係的成長。

課程內容

一、說明面對妻子氣憤的指責時處理的原則。

二、認識我們面對他人的指責會有的反應。

三、如何使用正向積極的方法來處理配偶的指責。

四、作業。

進行方式

一、完成團體簡報之後，領導者即介紹今天活動的主題：**處理配偶的氣憤和指責**。

每個人在生活中都免不了會犯錯，因為每個人都不是完美的。有時是無心之過，有時只是因彼此期望不同、生活方式不同，或個性差異，而使得他人對我們產生不滿。這時也許不是我們犯錯，只是雙方因誤解或差異性而造成對方的不滿意，接著產生氣憤且表達出對我們的指責或批評。

由於配偶是我們最親近的生活伴侶，自然會對我們在生活上有各種批評，就像我們對她也會如此。但如果我們不能在事前先對自己的心情做好鎮定安頓的功夫，可能就容易在配偶指責我們的情境中被引發憤怒，造成激烈的爭吵和反擊。

所以在接收到配偶批評的訊息時，首先我們要在心中謹記下列幾個原則：

㈠我們不必將每個批評當作是攻擊，反而可利用他人的負面回饋做為成長的契機。

㈡聽到批評和指責時，如果感覺有不舒服的情緒或覺察到生理的激動線索時，首先深呼吸幾次，告訴自己冷靜下來，我是自己情緒的主人，而非為情緒所掌控。如果情緒仍激動無法冷靜則可「暫時迴避」，待情緒冷卻再回應。

㈢不論對方如何批評、指責，重要的是我的行為可能不完美，但不表示我這個人是不好的、糟糕的、沒有價值和不重要的，也不表示對方就不愛我、不在乎我了。

領導者說明後則可請成員回想最近和過去是否曾經有過配偶因憤怒而指責自己的時刻，當時的感受為何？

二、成員分享自己被批評的經驗後，領導者可詢問每位成員在當時有何反應，並將成員的反應和行為列於白板上，再加以分類。一般來說，最後可將成員的反應統整為下列幾類：

㈠反擊：語言或肢體的攻擊。

㈡否認：不願承認對方所指責的內容是對的，拒絕接受自己

曾做過那些行為。

㈢找出藉口和理由來為自己辯護。

㈣忽視、不理會、裝聾作啞、沈默以對。

㈤嘻皮笑臉，顧左右而言他。

㈥表面討好，內在依然故我，陽奉陰違。

　　三、領導者說明以上的回應是我們一般人用來應付他人批評的常見方式，但卻無法改善彼此的關係，也無法增進雙方的溝通和了解。所以如果我們可用正向積極的方法來將這些負面回饋加以利用，就可以有不同的結果。

　　㈠首先要專注聆聽配偶所要表達的負面批評，並覺察自己的身體、情緒、認知的線索，如果能用幾個深呼吸使自己平靜，則可進入下一步驟，否則就必須採取「暫時迴避」離開現場。

　　㈡承認對方的氣憤和其他感受，使用「聆聽的藝術」中所學到的方法，表達出對方的感受：

　　「妳很生我的氣喔！」

　　「妳對我真的很失望。」

　　「妳好像很挫敗啊！」

　　㈢邀請對方再提供較完整的訊息。指責的語句常呈現出不完整的訊息，所以再請配偶根據她所指責的內容加以說明。

　　「請妳再多說一些，這樣我才能了解妳的意思。」

　　「請妳再解釋清楚，為什麼我不負責任。」

　　「妳生我的氣是因為我晚上回來得太晚？」（提供配偶更仔
　　　細的內容）

「我想請妳針對『不是好爸爸』再多解釋一些。」

㈣在配偶給與進一步澄清後，如果她所批評的是正確的，則向她表達同意，並向她說明未來改善的意願與所要採取的行動，甚至對配偶表明自己誠摯的歉意，以撫平她的受傷和失望。

㈤如果配偶的批評是不正確的，且對自己造成傷害和人身攻擊，那麼就清楚溫和的告知對方自己的感受：

「聽到妳說我不負責任，我很難過。」

「聽到妳說我不配做孩子的父親，我真的很受傷。」

當成員能完全了解以上的說明後，則可分為二人一組，進行演練；一人扮演配偶指責對方，另一人以正向積極的方式來回應。然後再角色對調重新再演練一次。

演練完畢則回到大團體中分享此經驗。

四、作業：在本週利用「**作業 16-1：處理配偶的氣憤和指責**」（第 237 頁）完成一次配偶氣憤而指責的事件，自己可如何使用正向積極的方式來處理。

作業 16-1　處理配偶的氣憤和指責

日期：

事件：（配偶如何生氣？如何指責我？她說了些什麼？）
_____
_____

正向積極的反應為：

◆ 我的情緒線索：_____
_____

　　　　身體線索：_____

　　　　認知線索：_____

所採取的紓解方式或行動：

◆ 對方的感受為：_____
_____

◆ 邀請對方提供更完整的訊息：_____
_____

◆ 配偶的評語中哪些是正確的？_____
_____

◆ 我可採取的行為是（表達同意或道歉）_____
_____

◆ 配偶的評語使我產生被攻擊、被誤解的感覺，我如何表達自己
的感受？_____
_____

❀活動十七❀

處理親密關係中的衝突

課程目標

◎使用積極尊重的方式解決親密關係中的衝突。

◎接納並面對人與人之間的差異，而不以控制和暴力的手段來處理。

課程內容

一、衝突和差異存在於親密關係中。

二、處理衝突常見的類型。

三、採用積極尊重的方式來解決衝突。

四、作業。

進行方式

一、團體簡報、分享上週作業之後，領導者即可介紹本週主題：**處理親密關係中的衝突**。

任何一種親密關係中都會存在著衝突。這些衝突源自人與人之間的差異，例如興趣、需求、觀點、價值觀、人生目標、感受、生長背景、原生家庭、家庭規則、溝通方式等方面的不同。當我們在親密關係中，因彼此密切的生活和接觸，這些差異就會

讓我們體會得更深刻，如果雙方能接受這些差異的存在，而且這些差異不會影響彼此的關係和權益，通常就不會造成親密關係太大的衝突和困擾。

但如果歧見越來越大，雙方也各自堅守立場互不讓步，則差異性就易演變為衝突。舉凡日常生活中的議題，如金錢的使用、休閒生活的安排、親子教育、與原生家庭的相處、工作問題、朋友關係等，都有可能成為衝突的原因。

只要有親密關係就會有衝突，這是一種正常的現象。重要的是，我們要接受衝突是親密關係中的常態，並學習如何積極正向的處理，而非壓制衝突的發生或否定它們的存在。這樣我們才能運用衝突的力量成為彼此成長的動力。

接下來則請成員說說看在他們夫妻與親子關係中曾經發生哪些衝突是他們覺得困難的。他們在當時採取哪些方法來解決？哪些方法是有效的、成功的？又有哪些方法是無效的、負面的？領導者可就成員所分享的衝突、解決方式在白板上記錄下來。並且特別指出暴力及控制行為在以前雖曾經被使用為解決方式之一，但結果卻不是正向的、有效的。

二、根據成員所採用解決衝突的方法，我們可大致做出下列的分類：

◆ 暴力與控制行為。

◆ 吵架激辯。

◆ 冷戰、拒絕溝通、拒絕交談。

◆ 拿小孩或他人出氣。

◆不了了之，假裝沒事，維持表面和諧。

◆委屈自己，妥協讓步。

◆表面妥協，心中懷恨。

◆逃避，用喝酒、打牌、打電動、工作、嗑藥來麻痺自己。

◆暴力反應。

◆各人堅持各自立場，使關係破裂。

◆其他。

以上是我們一般人常用來處理衝突的方式，有時可暫時得到**緩解**，但卻無法真正的面對和解決問題。所以我們必須學習一個**新**的方法，積極有效的處理衝突，但又不打壓控制對方，而能共同以合作尊重的態度來解決。

三、領導者介紹以積極平等的態度來面對衝突的方式（見242頁），在這裡要強調的是：

㈠雙方的需求和感受都要被重視。

㈡如果彼此願意妥協立場，也必須是發自內心願意的選擇，而非迫於對方的壓力和控制。

㈢雙方皆不可以暴力脅迫對方就範。

㈣這種互相尊重合作的解決方式目的不在權力鬥爭，而是製造雙贏的局面。

領導者可以邀請成員運用前面所舉的例子，擇一做為進一步探究解決衝突的範例。可參考「**講義 17-1：以尊重和合作來解決衝突**」（第242頁）的步驟來分析自己親密關係中所產生的衝

突，並且為自己找到解決的方案。

　　亦可分為二人一組，互相協助和討論，最後再回到大團體中來分享自己的方案。成員進行的過程可以文字寫在「**學習單17-2：處理衝突的過程記錄**」（第243頁）上。

　　四、作業：請成員運用所學到解決衝突的方法來處理與配偶或親子之間的衝突，並記錄在「**作業單 17-3：處理衝突的過程記錄**」（第245頁）上。

講義 17-1　以尊重和合作來解決衝突

一、**雙方針對問題表達各自的立場。**如果此時情緒太激動，則要先使用「暫時迴避」，待雙方能冷靜時再進行下列步驟。

二、**雙方根據自己的立場說明所持的理由和需要，**雙方要給與足夠的時間和尊重，不指責、也不否定對方的發言。

三、**提出各自覺得可行和適用的方案**（腦力激盪，不預設立場或批評對方的想法）。

四、**協商出共同可以接受的方案：**

　1. 此方案可滿足雙方的需求和期待。

　2. 此方案可滿足雙方部分的需求，但彼此須有某種程度的妥協。

　3. 輪流先滿足某一方的要求，另一方則等待，下次則轉換角色。

　4. 超越雙方原先所想像的方案而激盪出新的解決方案。

學習單 17-2 處理衝突的過程記錄

日期：

衝突事件：

一、**雙方各自的立場為：**

你個人＿＿＿＿＿＿＿＿＿＿＿＿＿＿＿＿＿＿＿＿＿＿＿＿＿＿＿

對方＿＿＿＿＿＿＿＿＿＿＿＿＿＿＿＿＿＿＿＿＿＿＿＿＿＿＿＿

二、**雙方各自所持的理由和需求為：**

你個人＿＿＿＿＿＿＿＿＿＿＿＿＿＿＿＿＿＿＿＿＿＿＿＿＿＿＿

＿＿＿＿＿＿＿＿＿＿＿＿＿＿＿＿＿＿＿＿＿＿＿＿＿＿＿＿＿＿＿

對方＿＿＿＿＿＿＿＿＿＿＿＿＿＿＿＿＿＿＿＿＿＿＿＿＿＿＿＿

＿＿＿＿＿＿＿＿＿＿＿＿＿＿＿＿＿＿＿＿＿＿＿＿＿＿＿＿＿＿＿

三、**腦力激盪出可行的方案為：**

四、共同協商的結果為（可能會產生的協議）：

五、如果無法協商出雙方同意的協議，可否再找出另一個**新的可行方案**？

作業 17-3 處理衝突的過程記錄

日期：

衝突事件：

一、雙方各自的立場為：

你個人＿＿＿＿＿＿＿＿＿＿＿＿＿＿＿＿＿＿＿＿＿＿＿＿＿＿＿＿＿

對方　＿＿＿＿＿＿＿＿＿＿＿＿＿＿＿＿＿＿＿＿＿＿＿＿＿＿＿＿＿

二、雙方各自所持的理由與需求為：

你個人＿＿＿＿＿＿＿＿＿＿＿＿＿＿＿＿＿＿＿＿＿＿＿＿＿＿＿＿＿

＿＿＿＿＿＿＿＿＿＿＿＿＿＿＿＿＿＿＿＿＿＿＿＿＿＿＿＿＿＿＿＿＿

對方　＿＿＿＿＿＿＿＿＿＿＿＿＿＿＿＿＿＿＿＿＿＿＿＿＿＿＿＿＿

＿＿＿＿＿＿＿＿＿＿＿＿＿＿＿＿＿＿＿＿＿＿＿＿＿＿＿＿＿＿＿＿＿

三、腦力激盪出可行的方案為：

四、共同協商的結果為：

五、如果無法協商出雙方同意的協議，可否再找出另一個**新的可**
 行方案？

✿活動十八✿
修復與子女的關係㈠
與目睹婚暴的子女談婚姻暴力

課程目標

◎在子女面前為婚姻暴力承擔責任，提供負責任的正向典範。

◎與子女分享對暴力的心情，接納子女的感受，修復雙方的關係。

課程內容

一、與子女談自己的暴力行為來安慰受傷的心。

二、討論子女可能會有的反應。

三、傾聽並接納子女的感受。

四、作業。

進行方式

一、完成團體簡報之後，領導者說明此次活動內容：

在與大家接觸認識的過程中，我們發現，雖然各位因婚姻暴力來到這個團體，可是幾乎每位做父親的夥伴都是關心孩子、愛孩子的爸爸。

　　然而當我們對孩子所深愛的母親施以暴力時，其實就嚴重的傷害了孩子的心靈，同時也破壞了我們與孩子的關係。這些暴力對孩子產生的影響，在活動三「婚姻暴力對子女的影響」即已討論過。

　　今天我們要來學習的是，如何修復親子關係，並且安慰孩子受傷的心靈。請大家先想想在你毆打妻子、孩子的母親之後，你的孩子最想由你口中聽到什麼？如果你在童年也曾目睹父親對母親的暴力，在那時的年紀，你最希望聽到你的父親對你說的話是什麼？這樣或許可幫助你了解孩子此刻的需要。

　　將成員所提出的看法寫在白板上，再加以整理分類。然後請成員看「講義 18-1：目睹暴力的子女想要父親對他們說的話」（第 250 頁）。並配合成員剛剛所提出的內容加以說明。

　　二、詢問團體成員，當他們對子女說了這些話之後，子女可能會有哪些反應？將每位成員所分享的一一列舉在黑板上。並根據每個反應問問此位父親，他的孩子在此反應的背後可能有的感受，使目睹暴力子女的父親能發展對孩子的同理心。

　　三、接下來告訴團體成員：如果我們要與孩子討論我們的暴力，就必須預備自己有能力接納和聆聽孩子目睹暴力的感受。這不是一件容易的事，有時孩子的反應會牽動我們的憤怒、罪惡感或羞恥感。但在面對孩子受傷的心靈，我們要記得自己是他們的父親，我們的目的是在修復彼此的關係，並將焦點聚焦在孩子的心情上，專注的聆聽。

　　或者有時我們會忍不住想做些什麼來幫助他，比如給他一些建議、勸他想開一點、告訴他一切都過去了要向前看，或分析大道理給他聽等。這一切你想做的行動都是發自內在的善意，但卻幫不了什麼忙。此時唯一能做的就是專注的聆聽。請見「**講義18-2：如何傾聽孩子的心聲**」（第251頁）。

　　詢問成員是否有疑問，再將成員分為二人一組，一人扮演小孩，另一人是父親，練習傾聽孩子說話，練習完畢之後，扮演小孩的成員可分享在此活動的感想。再角色對調完成另一次角色扮演，由剛剛扮演小孩的成員扮演父親。

　　演練結束後回到大團體中討論此過程。

　　四、作業：找一個恰當的時機練習今天的活動，如果孩子願意、亦準備好，請對孩子說出他們想聽的話（參考第250頁），並且專注聆聽他們的感受。下次課程簡報分享此作業之感想。

　　本活動改寫自 Crager, M. & Anderson, L. (1997). Helping children who witness domestic violence: A guide for parents. Washington: Family Services Domestic Violence Treatment Programs.

講義 18-1 目睹暴力的子女想要父親對他們說的話

◆ 我很抱歉傷害你和你母親。

◆ 我的行為是錯誤的，暴力是不對的。

◆ 我為我的暴力行為負責。

◆ 你不需為暴力負責，不是你的錯。

◆ 也不是你母親的錯。

◆ 你受苦了！

◆ 我很難過讓你看到這些事。

◆ 你一定很害怕、擔心和生氣。

◆ 我很愛你、在乎你，我不會再發生這些事使你受傷。

◆ 我會盡一切力量來彌補。

◆ 我會聆聽你說的話。

◆ 你可以對我感到生氣或害怕，換作我是你也會這樣。

◆ 我希望在你未來的家庭中不會再發生這種事。

◆ 你所有的感受都很重要。

◆ 我會努力並尋求協助使你感覺安全。

◆ 我很抱歉讓你承受這些壓力。

◆ 我會盡力改變自己，終止暴力。

（改寫自：Crager, M. & Anderson, L. (1997). Helping children who witness domestic violence: A guide for parents. Washington: Family Services Domestic Violence Treatment Programs.）

講義 18-2 如何傾聽孩子的心聲

傾聽的原則：

◆ 不要隨意打斷他的談話，讓孩子把話說完。

◆ 溫和的看著對方。

◆ 專心的聽，而不是一邊做事一邊聽。

◆ 可以點頭或簡短回應，表示你在聽。

◆ 停留在同一個話題，不打岔。

◆ 不要著急催促，要給孩子充分的時間和耐心。

◆ 不要告訴孩子該做些什麼、該如何感受才是正確的，接受他就是如此。

◆ 不要給與建議、分析、和批評。

反映孩子話中的感受：

　　聽完孩子所說的話之後，你可用下列語句回應來表示你專心聽見他所說的話，且衷心接納他的感受。這樣孩子會覺得被了解、被尊重。

◆ 聽起來你真的很生氣。

◆ 你心裡感到很難過。

◆ 我了解你受傷的感覺。

◆ 你感覺很傷心，是嗎？

◆ 如果你願意談，我很願意聆聽。

反映孩子話中的內容：

聽完孩子所說的話之後，即將他所提到的人、事、物做簡短的摘要說明。這樣孩子就會覺得被聆聽、被陪伴。

◆你的意思是……

◆我聽到你說……

◆你剛剛說的是……

◆讓我再說一遍你剛剛的話，你……

◆你提到……

◆你認為……

✿活動十九✿

修復與子女的關係㈡
——接納並賞識你的孩子

課程目標

◎對目睹婚暴子女的強烈感受和情緒需求能接納協助。

◎採取行動來協助自己的孩子，並藉此開始修復彼此的關係。

◎鼓勵賞識孩子，以增進自我價值感。

課程內容

一、認識婚姻暴力對目睹子女會產生的強烈感受和情緒需求。婚暴加害人將如何協助自己的孩子？

二、介紹鼓勵賞識孩子的方法。在團體中進行演練。

三、作業。

進行方式

一、完成團體簡報後，領導者說明要修復與子女的關係是需要耐心和時間的。

各位已在上週努力完成作業和積極參與活動，顯示出每位做父親的夥伴都很重視自己與孩子的關係，但最好不要期待孩子會

在短時間就會信任和恢復與我們的關係。如果你重視孩子心靈的復建和發展，就需要從現在開始付出心力和時間，總有一天你會發現孩子與你的關係有改善。

在上個活動中，你已開始採取行動去親近孩子，也許孩子尚未熟悉你的方式，也不知道該如何反應，但這是個好的開始，因你願意以孩子的立場說出他想聽的話來安慰他受傷的心靈。接下來你要學習聆聽孩子的心聲，使他可由聆聽的過程中體驗到被接納和被尊重。

在本次活動中，我們要更具體的認識目睹暴力的孩子會有哪些強烈的感受和情緒需要，在我們與他們修復關係的過程中會不斷出現。現在請看「**講義 19-1：目睹婚姻暴力孩童的情緒需求**」（第 256 頁）。

領導者介紹完「**目睹婚姻暴力孩童的情緒需求**」之後，即可進入下列兩個重要的問題：

1. 你認為（或觀察）你的孩子在目睹婚姻暴力後，有以上哪些情緒和需求？
2. 針對他的情緒需求，你打算今後如何協助他？請列出具體計畫和行動。

並請成員寫下答案，分為三人一組分享自己的答案。小組討論約為十五分鐘，之後再回到大團體中報告，由領導者總結。

二、領導者說明建立孩子自尊和維持良好親子關係的一項重要方法即為鼓勵賞識孩子。現在介紹基本原則與方法。請見「**講**

義 19-2：鼓勵賞識孩子」（第 259 頁）。當父母可以給與孩子鼓勵與讚賞時，孩子的自我價值就會提升，他會覺得自己是好的、被重視的、被愛的。許多父母也發現，當孩子能感受到父母的愛與肯定時，他們的問題也會減少。孩童在行為上表現出許多困難和偏差，往往都是因為他們想要博取大人的正向關注，而且想知道他們在大人心中的重要性。

領導者介紹完鼓勵賞識孩子的方法後，可將成員分為二人一組進行演練。一人扮演父母，另一人扮演他的小孩，大人用語言表達對小孩的讚賞。演練完後，扮演孩子的夥伴則分享聽到父母這樣的讚賞後有何感受。

再角色對調重新演練。二人演練結束後即回到大團體中討論此過程的經驗。

三、作業：與子女同住的成員請在本週向子女一一表達讚賞與鼓勵；不與子女同住的成員請完成作業單「**作業 19-3：鼓勵賞識孩子**」（第 260 頁）。

講義 19-1　目睹婚姻暴力孩童的情緒需求

一、**害怕**：害怕他們所愛的父親有暴力，但家庭原來應該是他感覺最安全的地方。

　　孩子的需求：

　◆ 向他所信任的人說出害怕。

　◆ 能獲得父親不再使用暴力的承諾。

　◆ 學習如何能使自己安全的行動與計畫（當父母開始爭吵時，我可以打電話向親戚求助）。

二、**憤怒**：孩子會對施暴的父親或對未離開暴力情境的母親感到憤怒。

　　孩子的需求：

　◆ 能向他所信任的人說出憤怒。

　◆ 明瞭生氣憤怒都是正常的。

　◆ 學習以非暴力和非破壞性的方法來紓解憤怒。

三、**憤怒與愛的矛盾感受**：對施暴父親產生愛與憤怒的感覺而矛盾衝突。同時也因這兩種感受的並存而內疚。

　　孩子的需求：

　◆ 能明瞭同時對父親又愛又生氣是正常和 O.K. 的。

　◆ 能明瞭就算他不喜歡父親的行為但仍可以愛他。

　◆ 能明瞭雖然他愛父親，卻不表示他是壞孩子。

　◆ 能明瞭如果他愛父親，不表示他就背叛母親。

四、**忠誠與背叛的矛盾**：感受到自己愛父親也愛母親的困惑，不知該效忠哪一方？是否該選邊站？只能愛母親不能愛父親？

孩子的需求：

◆ 能明瞭他可以同時愛父親和母親。

◆ 父母的任何一方亦不會利用孩子的愛心來獲得權力和掌控。

◆ 孩子不被要求選邊站或表明對一方的忠誠。

◆ 允許孩子可以同時擁有父母雙方的愛和親子關係。

五、**失落感**：失去安全、健康、完整的家庭；可能因某一方父母的離去或想要離去而感覺失落；失去原來的生活秩序和舒適。

孩子的需求：

◆ 對他所信任的人說出自己的悲傷或擔心。

◆ 發展家庭外親友的支持系統。

◆ 父母親在進行婚姻調解時最好能考量以孩子的最少變動和最少失落為原則。

六、**內疚感和責任感**：認為自己有責任阻止婚姻暴力，保護受暴一方，照顧整個家庭；然後又會因為自己做不到而感到內疚。

孩子的需求：

◆ 明瞭暴力的產生與他無關，更不是他的錯，這是大人的問題，大人會解決。

◆ 明瞭他不是壞小孩，父母之間的問題，也非因他而起。

◆ 他是小孩，無法解決大人的問題。

► 你認為（或觀察）你的孩子在目睹婚姻暴力後，有以上哪些情緒和需求？

► 針對他的情緒需求你打算今後如何協助他？請列出具體計畫和行動。

（改編自：Crager, M. and Anderson, L. (1997). Helping children who witness domestic violence: A guide for parents. Washington: Family Services Domestic Violence Treatment Programs.）

講義 19-2　鼓勵賞識孩子

讚賞孩子的行為

◆ 描述你所看到的好行為，但不要有價值判斷。例如：「我看到你把書桌都收拾乾淨了。」

◆ 欣賞孩子所花的功夫和努力。

例如：「你可是花了很多時間才把今天的功課完成。」
　　　　「你很有耐性的不斷複習這一課英文。」

◆ 讓孩子表達對自己成就的肯定和感受。

例如：「你對自己今天想花錢卻忍住有何感覺？」
　　　　「我可以看得出你作文得獎很高興，要不要與我分享你的感受？」

◆ 讚賞孩子某個特定的具體行為。

例如：「你今天與弟弟分享冰淇淋，他很喜歡呢！」
　　　　「你今天幫忙擦地，我覺得輕鬆多了。」

表達對孩子的愛和喜歡

◆ 直接清楚的告訴他：我愛你！我喜歡你！真高興看見你！

◆ 讚賞孩子某個特質：「我真欣賞你的溫柔體貼。」「我好喜歡你的幽默。」

◆ 擁抱、接觸、微笑、注視。

◆ 給每個孩子專屬的時間，享受彼此相處的歡樂。

◆ 接納孩子的能力、情緒、優缺點，並且不與其他的孩子做比較。

（改編自：Crager, M. and Anderson, L. (1997). Helping children who witness domestic violence: A guide for parents. Washington: Family Services Domestic Violence Treatment Programs.）

作業 19−3　鼓勵賞識孩子

一、請列出你的孩子的三項**優點**。

二、請寫出你的孩子值得稱許的**行為**。

三、試著寫下你對孩子的**鼓勵和賞識**。

第四階段

探索原生家庭與
暴力之關係

❧活動二十❧
暴力經驗回顧

課程目標

◎增進對暴力覺察的敏感度。

◎探索男性成長過程中的暴力經驗。

課程內容

一、領導者說明進行方式。

二、填寫「**學習單 20-1：暴力經驗回顧**」。

三、分享、討論。

四、作業。

進行方式

一、團體簡報後，領導者說明本次活動內容：

大多數的男性在成長過程都會學到，暴力是可以用來解決問題的方式之一，而且或多或少都會在某些特定的情境下經驗到暴力，例如打架、被威脅等。這些暴力行為有些是在同儕團體、有些是在原生家庭中所學來的。請成員分享在成長過程中所經驗到的暴力。

雖然暴力經驗是男性社會化中必然存在的一部分，但不能構

成使用暴力的藉口。我們由這個活動去探索回顧暴力經驗，可以讓我們了解暴力普遍存在的事實，並增強我們終止暴力的動力和決心。

所以今天我們在此分享這些經驗，一方面我們可以看到你不是孤單一人在面對暴力，另一方面還可藉此表達在成長過程中，經驗暴力的感受。這樣可使我們增加對暴力的覺察，並藉由探索童年的暴力經驗了解它們對現在親密關係的影響。雖然許多男性都有相似的經驗，但仍可在成年的親密關係中做出不同的選擇。

二、領導者請成員填寫「**學習單 20-1：暴力經驗回顧** （第264 頁），每一題盡量誠實的回答是或否。

三、填完問卷後可分為三人一組，或直接在大團體中分享每位成員所勾選「是」的項目及發生的過程。

領導者在團體討論中提出下列問題促進過程的進行聚焦在成員內在歷程和暴力的主題上（Fall, et al., 1999）：

㈠在討論這些經驗時你有何感受？在你的生命中你是如何處理這些感受的？

㈡你認為這些經驗是很普遍的嗎？理由為何？

㈢你認為人們可以有相似的暴力經驗但仍可做出不同的選擇嗎？

㈣你如何可在自己現在的家庭中創造出不同的家庭氣氛？

㈤過去的經驗如何影響你現在的行為、態度、和感受？你可以駕馭他們嗎？

四、作業：為自己在生命中的暴力經驗找出一個象徵或隱喻做代表。下次在團體中分享。

學習單 20-1　暴力經驗回顧

是 否

☐☐　1. 你曾經被父親或母親打過

☐☐　2. 你曾經被祖父祖母或親友長輩打過

☐☐　3. 你曾經被哥哥或姊姊打過

☐☐　4. 你曾經在童年與人打過架

☐☐　5. 你曾經目睹你重視的人打了他所愛的人

☐☐　6. 你曾經目睹你重視的人被他所愛的人打

☐☐　7. 你從小即學到打架是男生應該具備的能力

☐☐　8. 你曾經在打架中傷害了別人

☐☐　9. 你曾經傷害過小動物

☐☐　10. 你曾經見過他人用暴力來解決問題

☐☐　11. 為了證明自己非懦弱無能，你曾因此與人打架

☐☐　12. 打架之後你和你的朋友會因而感到驕傲

☐☐　13. 你曾經因為使用暴力而得到他人的讚賞和默許

☐☐　14. 你認為不會打架、不夠強悍很丟臉，並缺乏男子氣概

☐☐　15. 你曾經使用過暴力來解決問題

☐☐　16. 當你使用暴力時，別人會怕你，你會覺得很好

☐☐　17. 你曾經參加過幫派

☐☐　18. 你曾經被傷害而處在痛苦中，卻得說：沒關係！

☐☐　19. 你曾經傷害小孩

☐☐　20. 你曾經殺過人或殺人未遂

□□ 21.你曾經使用兇器

□□ 22.你曾經被兇器所傷

□□ 23.你認為暴力是解決問題的有效方法

□□ 24.你曾經在成人時期與人打架

□□ 25.你曾經服刑過

□□ 26.你曾因暴力犯行被逮捕

□□ 27.你在家會準備武器以備不時之需

□□ 28.你的親友、家人都同意你可以打老婆

□□ 29.如果你有兒子你會教他與人打架

□□ 30.直到現在你仍然相信人可以以暴制暴

（改寫自 Fall, K. A., Howard, S. and Ford, J. E. (1999). Alternatives to domestic violence. MI: Edward Brothers.）

🎀活動二十一🎀
探索原生家庭暴力史

課程目標

◎探索原生家庭中的暴力史，並終止暴力之傳承。

◎由探索原生家庭的過程中建立與其他成員的聯結。

課程內容

一、製作原生家庭暴力史之圖像。

二、分享討論三代或四代家庭暴力的傳承。

三、成員可為自己做出終止暴力不再延續之承諾。

四、作業。

進行方式

一、**團體簡報**（分享暴力的象徵或隱喻）後，領導者邀請成員進入本活動的主題，首先製作原生家庭之「**家族暴力史**」。請見「**學習單 21-1：家族暴力史（範例）**」（第 268 頁）。並請成員另用白紙畫出如範例的個人家庭史中的暴力發展狀況。製作過程如下：

㈠請成員先按照祖父、祖母、外祖父、外祖母的排列，寫出

姓名，再將祖父母及外祖父母所生之家庭成員姓名列出。父親母親結婚後所生之子女，包括自己的姓名也完成後，即可寫下自己的配偶和子女姓名。

　　㈡將四代中各成員有暴力行為者（以＊標示），和有酒、藥癮者（以☆標示）做記號。

　　㈢成員完成「**家族暴力史**」之後，即可看出三代（或四代）間暴力和酒、藥癮之傳承。請大家先各自分享自己在「**家族暴力史**」中的發現，並說明在此家族中自己經驗到的暴力和感受。

　　二、領導者在分享完每位成員之「**家族暴力史**」後，可以詢問大家，如果有發現代代相傳的暴力行為模式，是否現在可做出一個新的決定？在此刻終止家族中延續的暴力，使下一代及子孫不會再受到暴力的毒害。成員是否想要有不同的傳家精神與典範？是否能讓子孫或下一代學到終止暴力的方法？是否能讓下一代或子孫擁有安全無暴力之生活空間？

　　三、成員決定留給下一代的是安全和非暴力的典範時，即在團體中做出承諾（口語上的表達）。其他成員和領導者可給與支持和鼓勵。

　　請每位願意做出承諾的成員站起來，每個人輪流以堅定大聲的語氣說出：「**我×××承諾終止暴力，並且不再將暴力的模式傳給後代子孫。**」

　　四、作業：如果仍與配偶同住，則與配偶、子女分享此次活動之感想與承諾。如果不與配偶同住，則將此承諾以文字寫下，貼在住處醒目之處，每天大聲朗讀。

學習單 21-1　家族暴力史（範例）

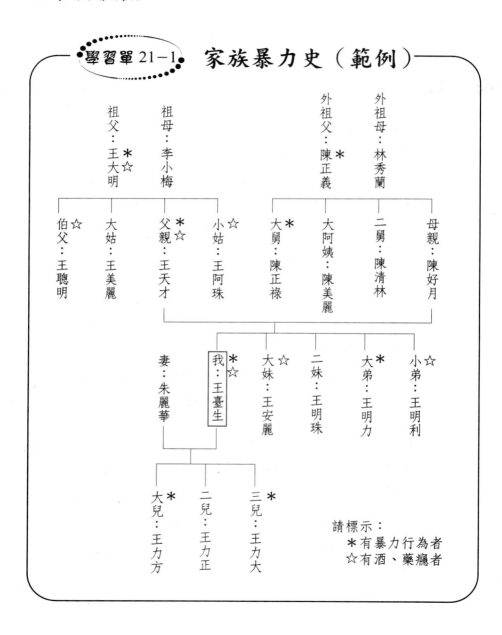

請標示：

＊有暴力行為者

☆有酒、藥癮者

❀活動二十二❀

父親與我

課程目標

◎探索原生家庭中控制行為的來源。

◎檢驗個人男性角色中權力意識之發展與學習。

課程內容

一、生命中重要男性對性別角色和兩性關係行為模式的影響。

二、反思與突破。

三、作業。

進行方式

一、團體簡報之後，領導者可介紹此次活動內容（Bathrick, et al., 1992）：

由上一個活動我們可知道，婚姻暴力、男性毆打女性的行為常是代代相傳的。研究也顯示，毆妻的男性團體中有 81% 的毆妻者小時候也被虐待，其中尚有 63% 的人在童年曾目睹他們的母親被父親虐待（Walker, 1984）。其實男人並不是生下來就會打女人的，男人也不想在身體或心理上傷害女人，但我們如何看待女性、如何對待女性常常都是由生命中重要的男性所學習而來的，

例如我們的父親。有時雖然你的父親並未毆打母親，但他也可能相信男人應該控制「他老婆」或「他的小孩」。

　　這個活動我們會把焦點放在你生命中的重要男性（包括你的父親或其他的學習對象）與你的關係上。我們不只由父親所說的，還包括他所做的（或未做的）行為而受到影響。父子關係常常是我們學習成為一個男人和學習如何對待女性的重要關鍵。現在請利用「**學習單 22-1：父親與我**」（第 271 頁）來完成今天的活動。

　　二、請成員分為三人一組分享討論「**父親與我**」內容，再回到大團體中整理各小組的異同。成員可在此時表達自己對父子關係的感受，並可思考哪些學習是適合自己的可予以保留，不適合的可放下或還給父母。在未來有哪些舊的學習可以採取新的行動做出突破，使自己成為自我負責的成年人。

　　三、作業：觀察自己在婚姻關係或親密關係中有哪些行為模式與父親（或其他重要男性）相同或不同。

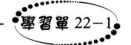 父親與我

你怎樣由父親（或其他重要男性）學到如何成為男人？

你怎樣由父親（或其他重要男性）學到如何當先生？

你怎樣由父親（或其他重要男性）學到如何當父親？

你怎樣由父親（或其他重要男性）學到使用憤怒、威脅、收斂感情、肢體力量、外遇、指責來控制他人？

你怎樣由父親（或其他重要男性）學到表達感情、愛？生氣？關懷？悲傷？感受？

你怎樣由父親（或其他重要男性）學到如何對待女性或妻子？

〔如果能使用「**暴力及控制行為檢索**」（第 144 頁）來檢查父親的行為，亦有助益。〕

（改編自：Bathrick, D., Carlin, K., Kaufman, Jr., G.and Vodde, R. (1992). Men stopping violence. Atlanta.）

❀活動二十三❀

由父母的眼光看自己

課程目標

◎對暴力根源有更多、更深的領悟。

◎對自己的父母有新的看法與接納。

課程內容

一、經驗自己的父母管教子女的心情。

二、分享此經驗的學習與領悟。

三、作業。

進行方式

一、團體簡報之後，領導者總結上次活動作業的分享，即開始進行本次活動。由於此活動「**由父母的眼光看自己**」（Mackenzie and Prendergast, 1992），較前面活動更為深入，難度亦較高。所以領導者可衡量團體動力和成員心理接受度來決定是否進行本次內容。

如果成員在前幾次探索原生家庭的活動中，能坦然面對親子關係，亦能開放的分享，即可進入此次活動主題。否則領導者只須將上次作業進行較深入的分享，而結束整個認知教育輔導課程。

現在我們要進行的是「**由父母的眼光來看自己**」的活動,這個活動可讓你有機會進入你父母的角色,去經驗他們是如何教育你、看你、期望你、感覺你的。可能有些你對父母的感想在以前很陌生,但藉著這次的練習,你可以用新的眼光和角度重新來體驗你和父母親的關係。並且反省你是如何由父母親學到男性角色中的權力、控制及暴力行為模式。

現在我們將請每位夥伴以自己父親(或你生命中重要的男性)的立場,用他說話的聲音、語調、口氣來向大家介紹他自己和他的兒子。介紹的內容請見「**學習單 23-1:由父母親的眼光看自己**」(第 281 頁)

你現在是你自己的父親,按著學習單所列出的項目,向團體描述每個項目中空白的部分,並向團體表達你對你的兒子在十二歲到十七歲這個階段的看法和感受。

等到全部成員輪流完成此部分之後,再重新進行一遍,但這次是以母親的身分來向團體介紹對兒子的看法。

二、每位成員皆完成後,則可分享此活動的經驗和感受。此時領導者可將分享的焦點放在成員的領悟、學習、和新發現。並強調成員完成此活動之勇氣與開放是值得欣賞的。

三、作業:每位成員回顧此團體歷程,並舉出自己所學到的三項功課,下次分享。

學習單 23-1　由父母親的眼光看自己

◆ 我是＿＿＿＿＿＿＿＿＿＿＿＿＿＿＿＿＿＿＿（父親或母親的姓名）

◆ 我兒子是　＿＿＿＿＿＿＿＿＿＿＿＿＿＿＿（自己的姓名）

◆ 我喜歡＿＿＿＿＿＿＿＿＿＿＿＿＿＿＿＿＿＿＿＿＿＿＿＿＿

◆ 我不喜歡＿＿＿＿＿＿＿＿＿＿＿＿＿＿＿＿＿＿＿＿＿＿＿＿＿

◆ 我強烈相信的是＿＿＿＿＿＿＿＿＿＿＿＿＿＿＿＿＿＿＿＿＿＿

◆ 我的童年是＿＿＿＿＿＿＿＿＿＿＿＿＿＿＿＿＿＿＿＿＿＿＿＿

＿＿＿＿＿＿＿＿＿＿＿＿＿＿＿＿＿＿＿＿＿＿＿＿＿＿＿＿＿＿＿

◆ 我對我兒子的看法和感受是＿＿＿＿＿＿＿＿＿＿＿＿＿＿＿＿＿

＿＿＿＿＿＿＿＿＿＿＿＿＿＿＿＿＿＿＿＿＿＿＿＿＿＿＿＿＿＿＿

◆ 我認為我兒子對我的看法和感受是＿＿＿＿＿＿＿＿＿＿＿＿＿＿

＿＿＿＿＿＿＿＿＿＿＿＿＿＿＿＿＿＿＿＿＿＿＿＿＿＿＿＿＿＿＿

◆ 我想要他知道，成為一個男人是＿＿＿＿＿＿＿＿＿＿＿＿＿＿＿

＿＿＿＿＿＿＿＿＿＿＿＿＿＿＿＿＿＿＿＿＿＿＿＿＿＿＿＿＿＿＿

◆ 我想要他知道女人是＿＿＿＿＿＿＿＿＿＿＿＿＿＿＿＿＿＿＿＿

＿＿＿＿＿＿＿＿＿＿＿＿＿＿＿＿＿＿＿＿＿＿＿＿＿＿＿＿＿＿＿

◆ 我想告訴他夫妻之間應該是＿＿＿＿＿＿＿＿＿＿＿＿＿＿＿＿＿

◆ 當＿＿＿＿＿＿＿＿＿＿＿＿＿＿＿＿＿＿＿＿＿＿＿＿＿＿＿＿

的時候，我會好好磨鍊他。

◆ 我磨鍊他的方式是＿＿＿＿＿＿＿＿＿＿＿＿＿＿＿＿＿＿＿＿＿

＿＿＿＿＿＿＿＿＿＿＿＿＿＿＿＿＿＿＿＿＿＿＿＿＿＿＿＿＿＿＿

◆我欣賞他的是＿＿＿＿＿＿＿＿＿＿＿＿＿＿＿＿＿＿＿＿＿＿＿＿

◆我期望他＿＿＿＿＿＿＿＿＿＿＿＿＿＿＿＿＿＿＿＿＿＿＿＿＿＿＿

◆我曾經想對他說，但從未說出口的話是＿＿＿＿＿＿＿＿＿＿＿＿

＿＿＿＿＿＿＿＿＿＿＿＿＿＿＿＿＿＿＿＿＿＿＿＿＿＿＿＿＿＿＿＿

（改編自 Mackenzie, A. and Prendergast, J. (1992). Domestic violence offender groups. In M. Mckay and K. Paleg, Focal group psychotherapy. Oakland: New Harbinger.）

❁活動二十四❁

結業式

課程目標

◎結束課程，互道珍重再見。

◎建立自助和助人的支持系統。

課程內容

一、回顧團體進行過程中的學習與進步。

二、成員間互相給與正向回饋和欣賞。

三、建立彼此間的支持系統，並為未來擬定新計畫。

四、團體結束。

進行方式

一、領導者先簡短回顧此團體之課程內容與進行過程。並邀請每位成員分享參與團體以來自己所學到的和所欣賞自己的。每人最少說三項。

二、每位成員分享完自己的進步和學習後，領導者即可鼓勵成員彼此給與正向回饋、欣賞、和祝福。這樣可促進彼此間的正向聯結，並為未來發展支持系統鋪路。

三、領導者說明男性在社會化過程中，不但無法自由自在地表達脆弱和感受，更無法與同性夥伴建立正向和支持的關係。所以彼此間如果能維持良好信任的關係，並在未來生活中相互提攜，就能打破孤立、增進改變的決心。尤其是在有暴力衝動或強烈憤怒時，可以與同伴聯繫，獲得情感支持和終結暴力的提醒，使得自己對配偶的不實際期待可以放下，亦在關鍵時刻轉換內在的負面自我對話，改變暴力的循環，避免暴力的發生。所以成員在離開前討論未來彼此間可以如何建立聯繫網絡和自助系統的方式（領導者給與成員一段時間，讓大家自由表達未來發展的期望和想法）。

四、最後進行團體結束的儀式，領導者可與成員發揮創造力來設計團體結束的慶祝儀式，或者頒給每位成員結業證書，以慶祝每位成員展開非暴力生活的新生之旅。

參考文獻

丁雁琪（2002）。現況與省思：加害人處遇組織環境之資源與限制。**家庭暴力加害人處遇計畫社會工作人員實務研討會**。行政院衛生署。

王行（2002）。小心女性主義：婚暴加害人處遇中的倫理議題。**家庭暴力加害人處遇計畫社會工作人員實務研討會**。行政院衛生署。

王麗容（2002）。民事保護令成效之研究。行政院內政部委託研究。

吳文正（2002）。「家庭暴力加害人處遇計畫」執行現況。**家庭暴力加害人處遇計畫社會工作人員實務研討會**。行政院衛生署。

周月清（1996）。**婚姻暴力**。台北：巨流。

林明傑、陳文心、陳慧女、劉小菁譯（2000）。**家庭暴力者輔導手冊**。台北：張老師。

林明傑（2001）。家庭暴力加害人處遇計畫——美國與我國之現況探討。**律師雜誌**，267，63-75。

胡幼慧（1991）。性別、社會角色與憂鬱症狀。**婦女與兩性學刊**，2，1-18。

洪遠亮（2003）。家庭暴力防治法處遇計劃修正淺見㈡。**司法周刊**，1152 期。

洪遠亮（2003）。家庭暴力防治法處遇計劃修正淺見㈢。**司法周刊**，1154 期。

高鳳仙（1998）。**家庭暴力防治法規專論**。台北：五南。

張秀鴛、韋愛梅（2001）。談台灣家庭暴力加害人處遇計畫之建構。**律師雜誌**，267，49-61。

張秀鴛（2002）。談台灣家庭暴力加害人處遇計畫之建構。**家庭暴力加害人處遇計畫社會工作人員實務研討會**。行政院衛生署。

張惠立（2001）。台灣台中地方法院辦理相對人鑑定工作現況說明。**家庭暴力相對人鑑定及加害人處遇工作檢討會**。內政部家庭暴力防治委員會。

陳若璋（1992）。台灣婚姻暴力之本質、歷程與影響。**婦女與兩性學刊**，3，117-147。

陳高凌（2001）。義與面子在華人家庭暴力裡面的運作及其對治療之啟示。**本土心理學研究**，14，62-112。

陳慧女、黃志中、李秀珠（2002）。家庭暴力防治法實施後婚姻暴力防治執行現況及需求之研究——以高雄地區為例。**社區發展季刊**，100，407-422。

陳慧娟（2002）。資源的聯結與合作。**家庭暴力加害人處遇計畫工作坊**。行政院衛生署。

陳韺（2002）。創造雙贏的婚暴複式療法——初探婚姻治療與個別治療的合併使用。**家庭暴力加害人處遇計畫社會工作人員實務研討會**。行政院衛生署。

許維素等（1998）。**焦點解決短期心理諮商**。臺北：張老師。

郭豐榮（2002）。團體—溝通分析學派（TA）治療理念。家庭暴
　　力加害人處遇計畫社會工作人員實務研討會。行政院衛生署。

黃志中（2001a）。權力與控制對兩性關係之影響。家庭暴力相
　　對人審前鑑定制度工作手冊，附錄四。內政部家庭暴力防治
　　委員會編印。

黃志中（2001b）。高雄市家庭暴力加害人認知教育輔導團體之
　　經驗與省思。家庭暴力相對人鑑定及加害人處遇工作檢討會
　　議。內政部家庭暴力防治委員會。

黃志中（2002）。現實治療取向之家庭暴力加害人認知教育輔導
　　團體。中華團體心理治療學會夏季學術研討會——家暴受害
　　人、加害人團體心理治療個案之運用。內政部。

黃湘玲（1998）。婚姻受虐婦女福利服務之研究——以高雄市為
　　例。高雄：中山大學中山學術研究所碩士論文。

黃囇莉（2001）。身心違常：女性自我在父權結構網中的「迷」
　　途，本土心理學研究，15，3-62。

彭南元（2002）。論家事案件採心理諮詢服務之可行性。司法周
　　刊，1102 期。

曾麗英（2002）。本土處遇模式經驗分享困境與突破。家庭暴力
　　加害人處遇計畫工作坊。行政院衛生署。

潘淑滿（2003）。婚姻暴力的性別政治。女學學誌：婦女與性別
　　研究，15，195-253。

賴芳玉（2002）。家暴法中加害人處遇之立法基礎與困境。家庭
　　暴力加害人處遇計畫社工人員實務研討會。行政院衛生署。

廖靜薇（2002）。慈惠醫院認知輔導教育方案介紹。家庭暴力加

害人處遇計畫社會工作人員實務研討會。行政院衛生署。

Adams, D. (1988). Treatment models of men who batter: A profeminist analysis. In K. Yllö & M. Bograd (Eds.), *Feminist perspectives on wife abuse*. Newbury Park, CA: Sage.

Almeida, R. V. & Bograd, M. (1991). Sponsorship: Men holding men accountable for domestic violence. In M. Bograd (Ed.), *Feminist approaches for men in family therapy*. New York: Harrington Park.

Austin, J. & Dankwort, J. (1998). A review of standards for batterer intervention programs. Violence Against Woman Online Resources. http:// www. vaw. umn. edu/finaldocuments/vawnet/standard.htm

Bancroft, L. (2002). *Why does he do that?: Inside the minds of angry and contiolling men*. New York: Putnam.

Bartholomew, D., Mitchell, S. & Zegree, J. (1997). Current research on domestic violence: Reoffense rates-policy and prediction. Domestic Violence Perpetrator Treatment Workshop, Tacoma, Washington.

Bathrick, D., Carlin, K., Kaufman, G. Jr. & Vodde, R. (1992). *Men stopping violence: A Program for change*. Atlanta: Men Stopping Violence.

Bennett, L. & Williams, O. (2002). Controversies and recent studies of batterer intervention program effectiveness. Violence Against Women Online Resousces. http://www.vaw.umn.edu/Vawnet/AR-bip.htm

Berkowitz L. (1973). The case for bottling up rage. *Psychology Today, 7,* 24-31.

Bograd, M. (1992). Values in conflict: Challenges to family therapists' thinking. *Journal of Marital and Family therapy*, 18(3), 245-256.

Bograd, M. (1988). Feminist perspectives on wife abuse: An introduction. In K. Yllö & M. Bograd (Eds.), *Feminist perspectives on wife abuse*. Beverly Hills, CA: Sage.

Bograd, M. (1984). Family systems approaches to wife battering: A feminist critique. *American Journal of Orthopsychiatry, 54,* 558-568.

Carbon, S. B. (2002). Batterers Intervention Programs. 2002 年家庭暴力防治國際研討會研習手冊。內政部。

Crager, M. & Anderson, L. (1997). *Helping children who witness domestic violence: A guide for parents*. Washington: Family Services Domestic Violence Treatment Program.

EMERGE Batterers Intervention Group Pragram Manual (2000). Cambridge, MA: Emerge.

de Shazer, S. (1985). *Key to solution in brief therapy*. New York: W. W. Norton & Company.

Fall, K. A., Howard, S. and Ford, J. E. (1999). *Alternatives to domestic violence*. Ann Arbor, MI: Edward Brothers.

Gelles, R. (1973). Child abuse as psychopathology: A sociological critique and reformulation. *American Journal of Orthopsychiatry, 43,* 611-621.

Goldner, V. (1985). Feminism and family therapy. *Family Process, 24,* 31-47.

Goldner, V. (1998). The treatment of violence and victimization in intimate relationships. *Family Process, 37,* 263-286.

Goldner, V. (1992). Making room for both/and. *Family Therapy Networker, 16*(2), 54-61.

Gondolf, E. W. (1993). Treating the batterer. In M. Hansen & M. Harway (Eds.), *Battering and family therapy: A feminist perspective.* Newbury Park, CA: Sage.

Gondolf, E. W. (2002). *Batterer intervention systems: Issues, outcome, and recommendations.* Newbury Park, CA: Sage.

Hansen, M. (1993). Feminism and family therapy: A review of feminist critiques of approaches to family violence. In M. Hansen & M. Harway (Eds.), *Battering and family therapy: A ferminist perspective.* Newbury Park, CA: Sage.

Hare-Mustin, R. T. (1978). A feminist approach to family therapy. *Family Process, 17,* 181-194.

Healey, K., Smith, C. & O'Sullivan, C. (1998). *Batterer Intervention: Program approaches and criminal justice strategies.* Washington D.C.: National Institute of Justice.

Jacobson, et al. (1996). Psychological factors in the longitudinal course of battering: when do the couples split up? when does the abuse stop? *Violence and Victims, 11(4),* 371-394.

Jorry, B., Anderson, D. & Greer, C. (1997). Intimate justice: confronting issues of accountability, respect, and freedom in treatment for abuse and violence. *Journal of Marital and Family Therapy, 23*, 399-419.

Jenkins, A. (1997). *Invitations to responsibility.* Australia: Dulwich Centre Publications.

Jukes, A. (1993). *Why men hate women.* London: Big Apple.

Klar, H. and Berg, I. K. (1999). Solution-focused brief therapy. In D. Lawson & F. Prevatt (Eds.), *Casebook in family therapy.* Monterey, CA: Brooks/Cole.

Lindquist, C. V., Telch, D. F. and Tayler, J. (1984). Evaluation of conjugal violence treatment program: A pilot study. *Behavioral Counseling and Community Intervention, 3,* 76-90.

Maçkenzie, A. & Prendergast, J. (1992). Domestic violence offender groups. In M. Mckay & K. Paleg (Eds.), *Focal group psychotherapy.* Oakland, CA: New Harbinger.

Pence, E. & Paymer, M. (1993). *Education groups for men who batter: The Duluth Model.* New York: Springer.

Rotter, J. C. & Houston, I. H. (1999). Treating family violence: Risks and limitations. *The Family Journal: Counseling & Therapy for Couples & Families, 7*, 58-63.

Satir, V. (1994). *The new peoplemaking.* Palo Alto, CA: Science and Behavior Books.

Satir, V., Banmen, J., Gerber, J., & Gomori, M. (1991). *The Satir model: Family therapy and beyond.* Palo Alto, CA: Science and Behavior Books.

Satir, V. (1967). *Conjoint family therapy*. Palo Alto, CA: Science and Behavior Books.

Satir, V. and Baldwin, M. (1983). *Satir: Step by step*. Palo Alto, CA: Science and Behavior Books.

Straus, M. (1974). Leveling, civility and violence in the family. *Journal of Marriage and the Family, 36*, 13-39.

Tolman, R. M. & Edelson, J. L. (1995) Intervention for men who batter: A review of research. In S. R. Stith & M. A. Straus (Eds.), *Understanding partner violence: Prevalence, causes, consequences and solutions*. MN: National Concil on Family Relations.

Walker, L. E. A. (1981). Battered women: Sex roles and clinical issues. *Professional Psychology: Research and Practice, 12*(1), 84-89.

Walker, L. E. A. (1984). *The battered woman syndrome*. New York: Springer.

Walker, L. E. A. (1995). Current perspectives on men who batter women: Implications for in intervention and treatment to stop violence against woman: Comment on Gottman et al.. *Journal of Family Psychology, 9*, 264-271.

White, M. (1986). Negative explanation, restraint and double description : A template for family therapy. *Family Process, 22*, 255-273.

Willbach, D. (1989). Ethics and family therapy: The case managemant of family violence. *Journal of Marital and Family Therapy, 15*(1), 43-52.

Yalom, I. D. (1995). *The theory and practice of group psychotherapy*. New Youk: Basic Books.

國家圖書館出版品預行編目資料

終結婚姻暴力：加害人處遇與諮商／成蒂著.
--初版.--臺北市：心理，2004（民 93）
面；　　公分.--（輔導諮商；45）
參考書目：面
ISBN 978-957-702-650-7（平裝）

1.婚姻暴力　　2.團體治療

544.38　　　　　　　　　　　　　　93000084

輔導諮商 45　終結婚姻暴力：加害人處遇與諮商

作　　　者：成　蒂
執行編輯：陳文玲
總　編　輯：林敬堯
發　行　人：洪有義
出　版　者：心理出版社股份有限公司
社　　　址：台北市和平東路一段 180 號 7 樓
總　　　機：(02) 23671490　傳　　真：(02) 23671457
郵　　　撥：19293172　心理出版社股份有限公司
電子信箱：psychoco@ms15.hinet.net
網　　　址：www.psy.com.tw
駐美代表：Lisa Wu　tel: 973 546-5845　fax: 973 546-7651
登　記　證：局版北市業字第 1372 號
電腦排版：亞帛電腦製作有限公司
印　刷　者：玖進印刷有限公司
初版一刷：2004 年 2 月
初版二刷：2008 年 8 月

定價：新台幣 320 元　　■有著作權·侵害必究■
ISBN 978-957-702-650-7

讀者意見回函卡

No. _____　　　　　　　　　填寫日期：　年　月　日

感謝您購買本公司出版品。為提升我們的服務品質，請惠填以下資料寄回本社【或傳真(02)2367-1457】提供我們出書、修訂及辦活動之參考。您將不定期收到本公司最新出版及活動訊息。謝謝您！

姓名：_____　性別：1□男　2□女

職業：1□教師 2□學生 3□上班族 4□家庭主婦 5□自由業 6□其他____

學歷：1□博士 2□碩士 3□大學 4□專科 5□高中 6□國中 7□國中以下

服務單位：_____　部門：_____　職稱：_____

服務地址：_____　電話：_____　傳真：_____

住家地址：_____　電話：_____　傳真：_____

電子郵件地址：_____

書名：_____

一、您認為本書的優點：（可複選）

❶□內容 ❷□文筆 ❸□校對 ❹□編排 ❺□封面 ❻□其他____

二、您認為本書需再加強的地方：（可複選）

❶□內容 ❷□文筆 ❸□校對 ❹□編排 ❺□封面 ❻□其他____

三、您購買本書的消息來源：（請單選）

❶□本公司 ❷□逛書局⇨_____書局 ❸□老師或親友介紹

❹□書展⇨____書展 ❺□心理心雜誌 ❻□書評 ❼其他_____

四、您希望我們舉辦何種活動：（可複選）

❶□作者演講 ❷□研習會 ❸□研討會 ❹□書展 ❺□其他____

五、您購買本書的原因：（可複選）

❶□對主題感興趣 ❷□上課教材⇨課程名稱_____

❸□舉辦活動 ❹□其他_____

（請翻頁繼續）

心理出版社 股份有限公司

台北市 106 和平東路一段 180 號 7 樓

TEL: (02) 2367-1490
FAX: (02) 2367-1457
EMAIL:psychoco@ms15.hinet.net

沿線對折訂好後寄回

六、您希望我們多出版何種類型的書籍

　❶□心理　❷□輔導　❸□教育　❹□社工　❺□測驗　❻□其他

七、如果您是老師，是否有撰寫教科書的計劃：□有□無

　書名／課程：＿＿＿＿＿＿＿＿＿＿＿＿＿＿＿＿＿＿＿＿＿

八、您教授／修習的課程：

上學期：＿＿＿＿＿＿＿＿＿＿＿＿＿＿＿＿＿＿＿＿＿＿

下學期：＿＿＿＿＿＿＿＿＿＿＿＿＿＿＿＿＿＿＿＿＿＿

進修班：＿＿＿＿＿＿＿＿＿＿＿＿＿＿＿＿＿＿＿＿＿＿

暑　假：＿＿＿＿＿＿＿＿＿＿＿＿＿＿＿＿＿＿＿＿＿＿

寒　假：＿＿＿＿＿＿＿＿＿＿＿＿＿＿＿＿＿＿＿＿＿＿

學分班：＿＿＿＿＿＿＿＿＿＿＿＿＿＿＿＿＿＿＿＿＿＿

九、您的其他意見

謝謝您的指教！　　　　　　　　　　　　　　21045